お金をかけず気軽にできる「ひとり老後」が楽しい77の習慣

精神科医
保坂隆

KADOKAWA

はじめに

人は誰でも、それぞれの人生があります。生きがいはもちろん、仕事に対する価値観にしても、家族を含めた人間関係にしても、そしてお金の使い方にしても、まさに十人十色ではないでしょうか。

しかし、誰もが年をとるということだけは共通していますね。

高齢化が進む日本社会では、ひとり暮らしのシニアがどんどん増えています。「ひとり暮らしは気楽でいい」と話す人もいれば、「ひとりだと、なんだか不安で……」という人もいます。

でも、「ひとり老後」を恐れる必要などありません。というのも、老後のひとり暮らしでも、とても快活に、毎日明るく暮らしている人はたくさんいるからです。

私は医師として、長らく「心のケア」にあたってきました。その仕事柄、相談に訪れる人と世間話をする機会も多く、そんな折に聞いたことは、かなり参考になっています。

「ひとり老後」というと、心さびしくて、なんとなく暗いイメージを描きがちですが、実際に私が聞いた範囲では、むしろ楽しい暮らしを送っている人がたくさんいます。

その暮らしぶりを知ると、「毎日を楽しいものにする方法」について、さまざまな工夫や発見をしている様子がうかがわれましたが、私はそれに感心させられ、大いに教えられました。まさに彼らは〝生活の達人〟と言えるような気がします。

この本では、私が聞いた達人たちの話を織り交ぜながら、明るく、健康で、充実したひとり暮らしを楽しむための「考え方」や「行動」のアドバイスなど、77の習慣術をまとめました。

すでにひとり暮らしをしている方や、もしかしたら親がひとり暮らしになるかもしれないご家族の方にも役立つノウハウがいっぱいです。

衣食住や人間関係についても、さまざまな工夫やヒントを紹介してみました。「終活」とまではいいませんが、身のまわりを上手に整理することが楽しい暮らしにつながるということも、おわかりいただけると思います。


ある人から、「生きていくためのＡＢＣ」という話を聞きました。

「Ａ＝あたりまえのことを」「Ｂ＝ばかにしないで」「Ｃ＝ちゃんとやる」ということだそうで、思わず「なるほど！」とうなずいてしまいました。

この本で取り上げている話も「ちょっと考えればあたりまえのこと」ばかりで、無理難題など一つもありません。ただし、知識として身につけているだけでは役に立たず、実践してはじめて効果を発揮します。

あなたに不向きなことをやる必要はありませんが、「これならできるかも」「これはおもしろそう」と思ったことだけでも試してみてください。

長く生きていれば、ときには思わぬアクシデントに見舞われることもあるでしょう。そんなときでも、この本にある考え方や、ものの見方をあてはめると、光が見えてくるはずです。

一般的に、まじめな人ほど「こうしなければならない」「そんなことをしてはいけない」などと、杓子定規《しゃくしじょうぎ》に考えて行動を自制しがちです。

でも、この本は教科書ではありませんから、自分が納得したことや興味のあることがあれば、楽しみながら、ぜひチャレンジしてほしいと思います。

「いいかげん」といえば語弊がありますが、じつは「いい加減」が何よりです。「ちょこっとずぼら」あるいは「ほどほど」でも、ひとり暮らしの人にとっては上出来なのですから、そんな生き方を大いに楽しんでみてください。

2024年3月

保坂　隆

目次

お金をかけず気軽にできる
「ひとり老後」が楽しい77の習慣

第2章 小さな習慣が暮らしを明るくする

第3章 人間関係で楽しみが生まれる

第4章 ストレスを手放してスッキリする

第5章 「ひとり老後」が輝き出す考え方

第1章

「ひとり老後」も楽しさいっぱい

毎朝「生まれたての一日」を喜ぶ

清々《すがすが》しい朝を迎えていますか？　眠りから覚めたとき「ああ、今日も一日が始まる！」と前向きな気分でしょうか？

子どもの頃は、遠足や運動会の前の晩にワクワクしてなかなか寝つけなくても、朝はパッと起きられたでしょう。誰でも、その日に楽しみなことがあれば、少しくらい寝不足でも気持ちよく起きられるものです。

とはいえ、毎日毎日、素敵なイベントがあるわけではありません。そうなると、目覚めても布団の中でダラダラしていたり、二度寝をしたり……。

しかし、**グズグズしていたところで、頭も体もシャキッとせず、快適な一日のスタートは切れません。**

そこでおすすめしたいのが、「自己暗示」と布団の中での「準備体操」です。

目が覚めたら、まず「ああ、よく眠れた」と口にします。いきなり大声を出す必要はなく、自分自身に言い聞かせるようにつぶやくだけでいいのです。

そして「うん、今日も気持ちのいい朝だ」と続けてみましょう。この二つの言葉だけで、脳の活動が始まり、心地よくなるからです。

「まだ、いいや」とか「もう少し寝ていよう」と思うと、脳は「本格的に活動するのはまだ早い」と判断して、心も体も休息モードから切り替わりません。

ところが、さきほどの二つの言葉をキャッチすると、脳は「よし、活動開始だ」となり、いわばエンジンがかかるわけです。

ただし、心も体もスッキリしたからといって、いきなり飛び起きるのは禁物。脈拍が急に速くなったり、血圧が急に上がったりする心配もありますから、走り出した車がギアを段階的に上げて加速していくように、人間もゆっくりと動き出し、徐々に活発化するにかぎります。

「**目が覚めたら、布団の中で、その日一日の楽しい予定をシミュレーションしてから起き上がる**」という人がいます。心も明るくなる、とても正しい朝の過ごし方といえるでしょう。

おいしい朝食から一日を機嫌よく始める

もし、いつもよりちょっと早く目が覚めたとしたら、どうしますか？　もう少し眠ろうとする人も多いでしょうが、そのまま起きてしまうことを私はおすすめします。

たった15分でも、早起きすれば気持ちにゆとりが生まれます。たとえば、いつもならそそくさとすませてしまう朝食をゆっくり味わうのも、時間の有効な使い方のひとつです。

和食なら「ご飯に味噌汁、焼き魚、梅干し、納豆、海苔、生卵や卵焼き、煮物、漬物」など。洋食だったら「トーストにスープ、搾《しぼ》りたてのジュース、サラダ、ハムやベーコン、スクランブルエッグやオムレツ、チーズ、ヨーグルト」などが代表例でしょう。

知り合いに、このメニューを話したところ、

「たしかにおいしそうだけど、まるで、日本旅館の朝食か、ホテルの洋食バイキングみたいですね」

と言われてしまいましたが、じつは、そのとおり。和食でも洋食でも、バランスのとれた食事が大切です。

そのポイントとなるのが、炭水化物とたんぱく質の割合を1対4にすること。**ご飯なら一膳、トーストなら1枚にしておいて、おかずをたっぷり召しあがってください。**

炭水化物がエネルギー源であることに間違いはありませんが、たんぱく質にはストレスを忘れさせる鎮静作用があり、心も体も、当然、脳も活性化するというのですからうれしいですね。

また、ゆっくり食事すると、血糖値の急上昇を防ぎ、肥満のリスクもなくなります。

結果的には、朝食の準備と食べることに時間がかかるかもしれませんが、それもまた、ひとり老後の楽しみのひとつになるでしょう。

自分のために丁寧にコーヒーをいれる

「コーヒー党」というよりもむしろ「コーヒー道」というくらい、コーヒーを愛する人はたくさんいます。

手軽なインスタントコーヒーもいいのですが、レギュラーコーヒーの味と香りは格別。焙煎《ばいせん》したコーヒー豆をミルで挽《ひ》くところから始めれば、さらに優雅な気分になれるでしょう。

朝起きて、「さて、今朝はどの豆を挽こうか」と考えるのが毎日の最初の楽しみと話す人がいました。

ブラジルやキリマンジャロ、ブルーマウンテン、モカなど、その日の気分でコーヒー豆の銘柄を選ぶそうで、気が向くと、独自のブレンドを作って味わうこともあるとか。たしかに、朝からそんな楽しみがあれば、きっと素敵な一日になりそうです。

コーヒーに含まれるカフェインが体によくないとか、一日2杯までにしないと健康に悪いなどといわれていた時期もありましたが、近年は「コーヒーは体にいい」となっています。

アメリカでは、肝機能を高める、脂肪を燃焼させる、がんにかかりにくいといったデータも出されています。

日本では、一日3杯から4杯コーヒーを飲む習慣の人は、心臓病の危険性が4割減るという報告もあります。さらに、**血液をサラサラにする効果があるとわかり、脳血管や心筋に不安を持つシニアにとっては朗報**といえるでしょう。

コーヒーの香りに多く含まれるピラジン酸には、香りをかぐだけでも、血管を若返らせる働きがあるとされています。

お湯を沸かしながら、コーヒーをいれる準備をしている間にも、さまざまな病気が予防されているというわけです。もちろん、コーヒーからただよう香りが心をおだやかにするのはいうまでもありません。

窓辺で飲むのもよし、猫をなでながら飲むのもよし。うれしい習慣ですね。

緑茶もうれしい朝の友

コーヒーはちょっと苦手で、緑茶のほうが好きな人もいます。緑茶の効能はすばらしいものですから、ここで紹介しておきましょう。緑茶に含まれるカテキンという成分が、私たちの体の細胞や組織、さらには脳を守ってくれるという話です。

まずは、活性酸素について少しだけ説明します。老化や免疫低下、体の機能低下だけでなく、美容にも悪影響を及ぼすとされる活性酸素は、もともとは、身体内に細菌や異物が入ってきたときに撃退し、排除してくれるという正義の味方でした。

ところが、環境汚染や添加物の摂取などにより、人間の体内で過剰に作り出されるようになった活性酸素は、健康な細胞にまでダメージを与える存在となってしまったのです。

しかも困ったことに、悪玉コレステロールと結びついて動脈硬化を引き起こし、心臓病をはじめとする重大な病気の原因となる事態にも。そんな活性酸素を退治してくれるのがカテキンなのです。

お茶には、緑茶、紅茶、ウーロン茶など、いくつかの種類があります。じつは、そのどれもがツバキ科の常緑樹の葉や芽が原料で、作る過程での乾燥や発酵のやり方の違いで成分や風味が異なってきます。

その中で緑茶は発酵の過程がなく、ビタミンCの酸化がないため、カテキンが多く残ります。つまり、**活性酸素の脅威にさらされている現代人にとって、健康を維持するために大切な飲み物が緑茶**というわけです。紅茶が発酵させて作られ、ウーロン茶が半発酵させて作られるのとは大きな違いがあるのです。

「朝茶はその日の厄落とし」「朝茶はその日の難逃れ」といった言葉もあります。もちろん、朝だけでなく、昼でも夜でも、くつろぎながらお茶を楽しめば、体も心も健康になるというものです。

旬の食べ物に敏感になる

「雨の日もあれば、体調のすぐれない日もあるから365日とはいかないけれど、できるだけ毎日、買い物に行ってます。おかげで歩くのが苦になりません。自動車運転免許は返納しましたが、かえってよかったのかもしれません」

そう話すのは、米寿も近い女性です。

「お元気で何よりです。食事をおいしく召しあがれていますか？」と尋《たず》ねると、

「ええ、そりゃもう」とにっこり。

毎日のように買い物に出かければ、スーパーでは旬の食材を見かけることになります。もっとも、ハウス栽培で一年中出まわっているものもありますが、そこは人生経験が豊富ですから、「まだ早いかな」とか「ちょっと早いけどおいしそうだからいただこう」と、その場で判断。いわゆる「時期もの」は値段も安くなるため、お財布にもやさしいそうです。

人の体にとって、新鮮な食材は理想的ですから、**鮮度のいい野菜や魚は積極的に食べたいもの。旬の食材は生命エネルギーにあふれている**といえるでしょう。

「それに、重たいものを持つのは大変ですが、一日か二日分の食材だったら、持ち帰るのも楽なんです」

なるほど、車で買いに行けないことを逆手にとって、散歩と買い物の一石二鳥を楽しんでいるわけですね。また、出かければ誰かと話すことになるのも、心の健康にとって大切です。

ひとり暮らしになると、どうしても食をおろそかにしがち。あり合わせのもので簡単にすませてしまう人も少なくないでしょう。「ご飯に佃煮だけ」とか、「ちょっと具を入れたうどん」あるいは「パンにジャムを塗っただけ。あとはコーヒー」といった、いわば「単品食」ですませている人は先行きが心配になります。

「食」という漢字を見ると「人に良い」となっていて、きちんと食べることは、体や心にいいとも読み取れます。一日3食で一年間なら1000回あまり、80歳の人なら、これまでの人生で8万回以上の食事をしているわけです。**食べたものが体をつくり、心の状態を左右してきたことを考えれば、食事の大切さがわかる**でしょう。

一方、「最近は食べることだけが楽しみで」というシニアの声も聞こえてきます。たとえば「パンとジャム」でも、季節の果物が入ったジャムを食べているとか、おそらくいろいろな食材を使ったメニューになっているはずで、とても健康な食生活ではないでしょうか。

合わせだれや変わり調味料を発見する

シニアになると、食事がだんだん自分の好みや簡単に作れるものに偏りがちです。もし、ひとり暮らしの人で**「同じようなものばかり食べている」と気づいたら、一味変わった調味料で簡単に食卓に変化をつけてみませんか？**

では、何をプラスすればいいかといえば、具体的には、中華の甘味噌・テンメンジャンや、ちょっと辛めのトウバンジャンなどを筆頭に、タイ料理でよく使うピリっと辛味のきいた甘酢もいいでしょう。

和風のものは、田楽みそや酢みそ、からし味噌などもあると便利です。市販のものが小さなパッケージであります。

豆腐やスティック野菜にテンメンジャン、トウバンジャン、酢味噌、からし味噌などをつけるだけでも、けっこうおいしくいただけます。

サラダ用のドレッシングについては、スーパーの売り場にズラッと並んでいて、選ぶのが大変なくらいです。梅酢入り、ゴルゴンゾーラチーズ入り、ヨーグルトドレッシングなど、さまざまなドレッシングを生野菜にかけるだけで、かなりのバリエーションが楽しめます。

ベトナム料理でおなじみの生春巻きの皮（ライスペーパー）も、常備しておくと便利です。軽く湿らせて、あり合わせの野菜の細切り、肉、エビなどを包んでエスニックソースで食べれば、残りものの利用でも、旅行気分のごちそうに早変わりします。

また、生春巻きの皮を利用して「北京ダックもどき」を作ることもできます。市販のローストチキンをオーブントースターでカリっと焼いて、一口大のそぎ切りにし、細切りにした長ねぎ、きゅうり少々とテンメンジャンを添えて、半分に切った生春巻きの皮に包んで食べます。なかなかの味わいです。

ときには、**ふだん行かないスーパーや、輸入品を多く扱っている店などに行ってみると、新しい合わせ調味料に出合えて、うれしい発見がありますよ。**

肉や魚を味方にする

「どうも最近、食が細くなったようだ」と不安そうに話していたのは、傘寿《さんじゅ》を過ぎた男性です。現役を引退してからは、出かけることも体を動かすことも少なくなりましたが、食欲が衰えた原因は、運動不足か、体の異変か、あるいは年のせいなのかと心配になったそうです。

とはいうものの、なかなか立派な体格の持ち主で、現役時代には、いわゆる「メタボ」で黄色信号と赤信号を行ったり来たりだったとか。

たしかに肥満は健康の大敵で、ドクターからダイエットをすすめられることもあるでしょう。でも、それは中年と呼ばれる世代までの話で、年を重ねたら、太りすぎはともかく、ぽっちゃり体形でも大きな問題はありません。それどころか、最近では「ちょっと太めのほうが長生きする」ともいわれています。

年齢を重ねてくると、さっぱりした食べ物を好むようになりがちで、暑い夏

ならそうめんを流し込むだけ、冬は湯豆腐に漬物といったメニューが増えそうですが、そんな食生活では、動物性のたんぱく質とカロリーの不足が心配です。

健康長寿の人たちは、肉や魚を好んで食べていることが知られています。「動脈硬化や心臓病、脳卒中、糖尿病などの原因になるから肉は健康によくない。とくに中高年以上は、病気を防ぐために肉を取らないほうがいい」などと言われていたのは過去の話。**シニアこそ、肉や魚のたんぱく質をしっかり取ってほしい**のです。

先の男性には「ジョギングやジム通いでなくても、毎日、散歩でもしてみたらどうですか？　最初は短い時間と距離でもけっこうですから」と話しました。

多くの人は、現役時代にはとくに意識していなくても、通勤や仕事などでかなり歩いています。ところが、定年退職と同時に一日の歩数が激減。その結果、太ったり食欲が衰えたりするわけで、当然、体力も落ちていきます。

軽いウオーキングなどで無理のない程度に運動すれば、自然に食欲は戻るはずで、楽しみながら体力もついていくでしょう。

ありあわせのご飯を、お弁当箱でうれしい食事に

年齢を重ねると、日常の中に変化が生まれにくくなります。変化なく暮らせるのはありがたいのですが、穏やか過ぎる日は退屈で、脳を老化させてしまいます。

3度の食事も、いろいろ変化させているつもりでも、なんとなく代わり映えがしない、いつもと同じ印象になりがちでしょう。そんなときに役立つのが、お弁当です。

最近は、お弁当というとコンビニ弁当を思い浮かべるかもしれません。しかし、シニア世代では、「遠足」「ピクニック」「運動会」「観劇」といったワードが頭に浮かぶ気がします。お弁当は、日常とは離れた特別なときに食べるものという印象が強いかもしれません。

ところで、料理をしているとわかりますが、ひとり分のおかずをきっちり作

るのは、けっこう難しいもの。とくに煮物などは、どうしても作り過ぎです。そんなとき、「その一口がデブのもと」などといわれるのですが、無理して口に入れていませんか？　あるいは、「ああ、もったいない」と思いながらも処分していませんか？

でも、そんな**残り物はお弁当にしたらどうでしょうか？　ほんの少し一品が入るだけで、彩りと味のバリエーションが豊かになります**。

お茶碗1杯分だけのご飯は、小さいおにぎりや、ふりかけをかけてお弁当箱につめれば、華やかになります。そして、窓の景色を見ながら食べれば外食気分にも。ちょっとずつの残り物が、意外なごちそうになるはずです。

料理のうまいまずいは、舌で味わうだけでなく、器や雰囲気に大きく左右されます。**いつもの料理でも、お金をかけずに簡単に変えられるのがお弁当の魅力**なのです。

磨かれた靴、しわのない服は幸運を招く

「ちょっと近くのコンビニに行くだけだから」と、パジャマ代わりのジャージやスウェットにカーディガンをはおっただけで部屋を出てしまう……。そんな人がいるかもしれません。

たしかに、ほんの数分でしょうが、万が一、知り合いと顔を合わせたらバツが悪くありませんか？　しかも、いつもおしゃれをして出かける人だとしたら、恥ずかしい思いをすることになりますね。

近くに行くだけで着飾る必要はありませんが、少なくとも、人から「あら、まあ」と思われるような格好では表に出たくないものです。

ある女性は若い頃から、家を一歩出るときには、きちんとした身なりを心がけていて、とくに下着には注意を払っていたとか。その理由を尋ねると、「予期しない事故に遭って大けがをしたら、病院に運ばれるかも。もしかした

ら緊急手術を受けるかも。そのとき、みっともない下着を見られたら恥ずかしいじゃないですか」

笑いながら、教えてくれました。

「年をとってからも、その考えは変わりませんか？」

「若いときよりもよけいに気をつかうようになりました。事故や災害に遭わなくたって、いつどこで倒れるかわからないですから」

いたって健康な方なので心配はないとは思いますが、心がけは見習いたいと思った次第です。

出かけるときに、服にアイロンをかけたり、靴を磨いたりするのは、たしかに面倒かもしれません。しかし、いつ、どこで、何が起きるか、誰と会うかは、まったくわかりません。

たとえば、知り合いにバッタリ会って「あなた、素敵ね」とほめられたり、「お茶でもどう？」と誘われたりして、近くに見つけたカフェに入っても、それなりの服を着て、きれいな靴を履いてさえいれば、ものおじすることはない

でしょう。

偶然、懐かしい友だちに会ったら、くたびれた服や靴を身につけているよりも、高級品でなくても、スッキリした装いでいたいですね。

ちょっと出かけるだけなのに……と思っても、「もしかしたら、誰かに会って楽しい時間を過ごせるかもしれない」と想像すれば、身支度も楽しくなるものです。

もちろん、誰かに会えなくても残念がることはありません。きちんとした服装で、あなた自身がシャキッとした一日を過ごせているはずですから。

いつも通る道をじっくり観察する

「健康のために毎朝、散歩しています」という話を大勢の人から聞くので、喜ばしいかぎりです。

ただし、歩きすぎや運動しすぎは健康にマイナスといわれ、中高年は、一日に7000歩くらいがいいと思われています。スマホや携帯電話の歩数計機能を使って確認してみるといいでしょう。

「雨の日は散歩をお休みする」という人もいますが、それもまたけっこうな話。濡れて滑りやすくなった路面を、傘をさして、危なっかしい足取りで歩くよりも、「本日は臨時休業」として、その日の散歩を取りやめるのは賢明な選択です。

ところで、「散歩が健康にいいのはわかるけど、どうしても同じルートになりがち。たまに、いつもと違う道を歩いたり、反対回りで歩いたりしても、それでも飽きちゃう」と聞いたことがあります。

なるほど、体の健康にとっては効果的な散歩も、毎日となると「散歩しなければいけない。でも、なんだか気分がのらない」と、かえって心の負担になってしまうかもしれません。

別の道に足を踏み入れたり抜け道を使うなど、知らない道を歩くのは、大いに脳の刺激になります。とはいえ、散歩をするのは、どうしても近所でしょうから、新しい散歩コースを開拓するとしても、かぎりがあるでしょう。

そこで**おすすめしたいのは、観察しながら歩く方法です。たとえば「公園の桜の木が芽吹いている」「新しいコンビニができる」「通りに面した家の外壁工事が始まった」など、ちょっと立ち止まって新たな発見を楽しんでみる**のです。

日本には四季があり、咲く花々も折々に変化します。同じ花でも、つぼみから開花、やがて満開と、日々姿を変えていくもの。わずかな変化を見つけ出すことは、脳と心を刺激しますから、若さを保つ秘訣《ひけつ》といえます。

散歩道からそれて公園の中に入り、花をながめていれば、やはり散歩に来た人と挨拶を交わしたり、当たりさわりのない世間話をする機会もあるでしょう。

ひとりで暮らしていると「一日中、誰とも言葉を交わさない」という日もありますから、外出そのものが他人と会話するチャンスでもあるのです。

そして、**散歩に出るときには、万が一、体調不良になったときに役立つスマホ・携帯電話をお忘れなく。**

ちなみに、昭和を代表するテレビ番組『8時だョ！全員集合』で活躍したザ・ドリフターズの加藤茶さんは、80歳を越えても散歩を楽しんでいるそうです。

おもしろいと思ったのは「散歩に出るときは、必ず1000円札を1枚は持って出る」という話でした。「だいたい30分も歩くと帰りたくなるんですよ。するとタクシーを拾って帰ってくる。だいたい1000円もあれば足りる距離なんですね」とのこと。たまには、もう少し歩こうかなと思うようですが、年齢を考えれば無理する必要はないでしょう。

それにしても「1000円持ち歩き」は、いい習慣だと思いました。小腹が空いたらコンビニなどで買い物ができますし、のどが渇けば飲み物も買えます。1000円札1枚だけなら、重くもなく、ポケットにもスッと入りますね。

休みの日に近くの街を探索する

「自宅の近くは歩きつくしたから、ちょっと気分を変えたい」「近くに住んでいるのに、しばらく行っていない場所があるな」などと思ったら、半日か、まる一日を使って出かけてみませんか？

あらかじめ準備をする必要もなく、朝、起きたら好天で、しかも、さしあたって今日の用事もないなら大チャンス。もちろん、なんとなく気が向いたから出かけてみようというのも大いにありで、たとえば、1駅か2駅先の街くらいでしたら、ふだんの散歩と同じ装いでかまわないでしょう。

昔と変わらない場所があったり、初めて目にする店もあるはず。ちょっと離れるだけで「ぶらり・ひとり歩き旅」を楽しめるというわけですね。

その街に知り合いがいれば、お茶やランチに誘ってもいいでしょう。もし、ご無沙汰の相手で、誘うのはハードルが高かったら、偶然の出会いを期期待して歩くのもまた一興です。しかし、そもそも、ひとり歩きが目的ですから、会えなくても残念がる必要はありません。

「いつもとは違う路地を入れば、それはもう、旅の始まり」とは、故・永六輔さんの有名な言葉ですが、小堺一機さんも同じようなことを話していました。

「旅」といっても、わざわざ乗り物や宿泊先を予約したり、スケジュールを組んだり、たいそうな準備をしなくても楽しめるというわけでしょう。

私の知り合いの一人に、鉄道好きがいます。列車に乗るのが好きなら「乗り鉄」、鉄道写真の撮影が好きなら「撮り鉄」と呼ばれるそうですが、彼の場合は、駅スタンプの収集が趣味です。列車に乗ったり降りたりを繰り返しながら、駅のスタンプを押してまわるそうで、彼自身は「押し鉄」と称しています。

「でも、一度、押したらそれでおしまいでしょう?」と尋ねたところ、「いやいや、スタンプの絵柄が変わったり、一路線まるごと新しくなったりします」というのですから、果てしなく楽しめる旅ですね。

美術館や博物館を楽しむ秘訣

美しいものや興味深いものとの出合いは、私たちの感性を刺激し、気持ちの若返りをもたらしてくれます。時間のあるときには、近くの美術館や博物館に足を運んでみるのもいいですね。

ネットで美術館や博物館を検索してみると、実にさまざまなジャンルのものがあって驚きます。

美術館は西欧の絵画や日本の近代絵画などが展示されているところという固定観念で見ていたのに、実際は、ユーモラスな彫刻展やトリックアートなど面白そうな企画もいっぱい。

ほかにも、江戸の古美術展や浮世絵展、切子ガラス展、大正ロマンの着物展、さらには昭和の漫画展など、行ってみたいと思う展示が目白押しで、きっとわくわくするはずです。

「そうは言っても、これまで美術館とは縁がなかったから……」というなら、まずは「ルーブル美術館展」「印象派美術展」など、有名な特別展からスタートしてみるといいかもしれません。

ところで、美術館を見て回るには、ちょっとしたコツがあります。これを知っているのと知らないのとでは、鑑賞後の疲れに大きな差が出ますので、紹介しておきましょう。

人間が続けて何かに意識を集中していられるのは、だいたい30分くらいとか。それでは、すべての展示物を熱心に見て回ったら、家へ帰る前に疲れてしまいますね。そこでおすすめなのが、**「見たいものだけ見る」というスタイルに変えて、好きなものだけを集中して見ることです。つまり、全部見ないと損と思うのをやめればいい**わけです。

まず、入場したときにもらえるリーフレットなどを参考にして会場の全体を把握します。そんなに大きな会場でなければ全体をざっと見て回り、どこにどんな作品があるかを調べ、あらためて好きなものだけをじっくり見るのもいいでしょう。ターゲットを絞ると、作品をより深く味わえますし、歩き回って疲れるのも避けられます。

カフェやミュージアムショップなどが併設されていたら、こちらも利用しながら一日ゆっくりとアートを楽しんでみてはどうでしょう。芸術の力で心が柔らかくなるはずです。

もし、ちょっとマニアックなテーマや専門性の強いものがお好みなら、企業が運営している博物館を訪ねるのもおすすめです。

鉄道ファンでなくても行ってみたい「鉄道博物館」、19世紀以降の世界の車を集めた「トヨタ博物館」、食卓風景の変遷がわかる「食とくらしの小さな博物館」など、大人が楽しめる博物館が人気を博しています。

また、体験型の施設が楽しめる博物館もありますから、レジャー感覚で足を運んでみるのもいいでしょう。即席麺の製造が体験できる「インスタントラーメン発明記念館」、1億円分の紙幣の重さを体験できる「貨幣博物館」、活版印刷を体験できる「印刷博物館」など、どれも楽しいものです。

押入れの中に、忘れていた「楽しさ」がある

押入れの「どこに、何が、どれくらい入っていますか？」と聞かれても、即答できるどころか、考えたことがないという人も少なくないでしょう。

毎日開け閉めする寝室の押入れの上段には布団が入っていて、下段にはシーズンオフの衣類が入っている、というくらいなら、すぐにわかるかもしれませんが、ほかの部屋の押入れはどうでしょうか。おそらく、すっかり忘れているのではありませんか？

ただし、それはある意味で、チャンスです。

まず、段ボールの空き箱を2つか3つ、用意しておきます。そして、時間のある日に、あるいは、ふと思い立ったら、ふだんは閉めたままの押入れを開けてみましょう。きっと予想以上に物が詰め込まれているはずです。

出てきた物が、一見して不要ならすぐに処分で、用意しておいた段ボールに

ます。

懐かしいものを見つけたら、ひとしきりもの思いにふけるのもいいですし、「取っておきたい」と思ったら、段ボールに「保管」と書いて中に入れます。

じつは**厄介なのが、押入れに積まれた、中に何が入っているかがわからない段ボール**です。でも、「玉手箱」だと考えて、開けるのを楽しんでください。探していたものが入っていたり、失くしたと思ってあきらめていたものを見つけることもあるでしょう。

ここでも不要なものはすぐに処分、必

要なものは保管の箱に分けますが、一度にやろうとせず、たとえば一日3箱などと決めて、楽しみながら作業するといいでしょう。

引っ越しの荷造りをしているはずが、アルバムを見入ったりして作業がはかどらないのは「引っ越しあるある」ですが、押入れの探索は昔を懐かしむ時間なので、あわてる必要なんてありません。のんびりと進めてください。

ところで、思い出にひたるだけではないのが押入れ探索の妙なのです。

ふだんあまり開けない押入れは、手つかずになっているケースが多く、有効活用されているとはいえないスペースです。いわば謎の空間ですが、それにもかかわらず、「もっと収納力がほしい」「物は増えるのに、しまう場所がない」と不満を持っている人がいます。

つまり、**押入れの収納力を発揮させるのには、押入れ探索がチャンス**というわけです。しかも、ひと工夫すれば、使い勝手もよくなります。

日本の押入れは、布団のサイズを基本に作られていますから、雑多な物をうまく収納するには、空間をサイズごとに区切るのがポイントです。

具体的には、奥行きを前後に分けて、使用頻度の高いものは前に、低いものは後ろにと、おおまかに2分割して配置します。たとえば、奥には、ふだん使わない物を置き、手前には日常的に使うタオルやシーツ、救急箱、大工道具などを置けば便利です。

さきほどの「保存段ボール」に入れた物を、100円ショップなどで売っている透明な収納ケースに移しておけば、中身もパッと見られます。

上下2段ある押入れなら、大きいものを下段に置くのが基本ですが、下段に収納庫やカラーボックスを固定すると、そのまま動かせなくなってしまいがちです。

そこで、押入れ内に置く大きな収納道具には、DIYの店などで売っているキャスターを取り付けて動かせるようにすると便利でしょう。

懐かしさを味わいながらの押入れ整理ですから、スローテンポで、無理なく楽しみながらやってみてください。

楽しみたいのはテレビよりもラジオ

スマホやパソコンの電源をオフにしたら、テレビを見るという人がいるかもしれません。しかし、せっかくスマホやパソコンから離れたのなら、テレビよりラジオを楽しんでみませんか？

スポーツが好きな人には、ラジオの実況中継をおすすめします。映像に頼らず、音声だけで試合の様子を伝えるために、アナウンサーは言葉を選び、リスナーにわかりやすく話します。それを聴いて、その場面をイメージするのは、脳の活性化にも有効です。

クラシック音楽が好きな人は、楽曲を聴きながらオーケストラの様子を思い描くといいでしょう。また、昔聴いたフォークソングや歌謡曲が流れてくれば、思わず口ずさんだり、歌詞が思い出せなくてもハミングならできるはず。

ラジオの場合は画面を見ることがないので、「ながら聴き」ができるのが特

徴です。写真を眺めながら、編み物をしながら、ストレッチをしながら、また、料理や掃除などの家事をしながら聴くことができますね。

つまり、スマホやパソコンがなくても、楽しめることはいくらでもあるのではないでしょうか。

故・永六輔さんは『老い方、六輔の。』（飛鳥新社）の中で、「ラジオのアナウンサーは、言葉について非常に鍛えられている」と話しています。ラジオが好きな人の中には「テレビを見ているより、ラジオを聴いているほうがワクワクする」という人もいます。それは、ラジオのアナウンサーの言葉選びや的確な表現、わかりやすい声が、聴いている人の想像力をかきたてるからかもしれません。

ちなみに、私の知り合いの野球好きは、「球場で試合を見ながらラジオの実況中継を聴くと、見えているものだけでなく、いろいろな情報が耳から入ってきて、とても面白いですよ」と話していました。人それぞれに、スマホやパソコンから離れた楽しみがあるようです。

窓辺のグリーンは心のビタミン

長年、連れ添ったご主人に先立たれた女性から聞いた話です。

ひとりになって、最初は何も手につかず、一日中ボーッと過ごしていたところ、それを心配して、近所に住む友だちが、

「さびしいでしょう。ワンちゃんでも飼ってみたら？」

とすすめてくれたそうです。

そこで小さい犬を飼い始めたところ、かわいくて、かわいくて。毎日、散歩に出かけたり、エサやおやつを与えたり、遊んであげたりして、とても充実した毎日になりました。

ところが、1年くらいたった頃にけがをして膝を痛めてしまったのです。近所に買い物に出る程度なら何とかなりましたが、犬を連れて散歩をするのは無理で、仕方なく犬は知り合いに譲りました。

犬と離れてからは、さらにさびしい日々を過ごしていましたが、あるとき鉢植えの花を育て始めたことから、生活が変わったのです。

毎朝、「おはよう、元気？」と植物に声をかけながら水やりをし、枯れた花や葉を取り、必要なら剪定《せんてい》もする。不思議なことに、植物に話しかけながら水やりをすると、成長が速かったり、きれいに育ったりするそうです。日々成長している姿を見てうれしくなり、「元気がないと心配になるのは、家族やペットの世話をしている気持ちと同じようです」と話してくれました。

一番のお気に入りは、出窓に置いた小さなサボテンです。育てるのに手間はかからず、成長も遅いそうですが、なぜか一日中眺めていても飽きず、よく話しかけているのだとか。

「亡くなった主人が無口でおとなしい人だったので、このサボテンは、何となく主人に似ているような気がするんです」

家の中に緑や花があると、気持ちが安らぎます。まずは植木鉢ひとつから、植物を育てることを楽しんでみませんか？

「今日もお疲れさま」と口にして眠る

一日が終わり、眠りにつくとき「今日も楽しい一日だった」と心が満たされていますか？

もちろん、毎日楽しいことばかりのはずはありません。「今日はしなくてもいい失敗をしちゃったな」とか「あの人に、つい、よけいなことを言ってしまった」など、残念な一日だって少なくないはずです。

しかし、今日の失敗は明日以降に取り返せばいいし、謝るべき相手がいるのなら、きちんと謝ればいいのです。ズルズルと引きずらないのが一番です。

善後策が浮かんだら、翌日以降にそれを実行するだけですから「今日はこれまで。お疲れさま」とつぶやいて、さっさと眠ってしまいましょう。

若いときは「今日できることは明日に延ばさない」という考え方をしていたとしても、年齢を重ねたら、「明日できることなら今日はしない」というやり方も認めて、やはり「今日も一日お疲れさま」と自分自身をねぎらいながら眠りにつくにかぎります。

どんな場合もポイントは「お疲れさま」と声に出すこと。じつは口にすることは、心の中で思うよりも自分自身に言い聞かせる効果がアップするのです。

学生時代に英単語を覚えるとき、目で追うだけでなく、ノートに書き、実際に発音し、耳で聞いたほうが記憶できたという経験はありませんか？　つまり視覚だけでなく、触覚や聴覚も動員させたほうが身につくわけです。こうしたことからも、心の中で思うより口に出したほうがいいとわかるでしょう。

ひとり暮らしの人は、声を出す機会が少なくなりがちです。たしかに、しゃべったからといって誰かが受け答えをしてくれることはありません。でも、自分自身の耳は、その声をちゃんと聞いています。

夜眠る前には「お疲れさま」、朝は「おはよう」、食事のときは「いただきます」と言い、出かけるときは「行ってきます・行ってらっしゃい」、帰宅したら「ただいま・おかえり」と一人二役を楽しみながら声を出してみませんか？

明るい気持ちになれる「幸せ日記」

まったく同じ状況でも、「私は幸せ」と思える人と、「私は不幸」と思う人がいます。たとえば、大切な人と別れなければならないときに、次のように正反対の感じ方をするのです。

「こんなに悲しい思いをするくらいなら、会わなければよかった。私は不幸だ」

「別れがこんなにつらいと思える人と出会えて、私は幸せだった」

なぜこんなことになるのかといえば、幸せかどうかは、その人の心の持ちように左右されるからです。自分が幸せと思えば幸せ、自分が不幸だと思えばどんな状況も不幸に感じられるということです。

それなら、**いつまでも若々しい精神を保つためには、何事もできるだけポジティブにとらえるように心がけたほうがいいのではないでしょうか。**

その方法として紹介したいのが、その日にあったハッピーな出来事を書いておく「幸せ日記」です。

「幸せ」といっても、そう難しく考えることはありません。

「スーパーの店員さんが商品のある場所を親切に教えてくれて感じがよかった」

「ランチで食べた唐揚げが、サクッと揚がっていておいしかった」

「今年はいつもより早く庭の桜が咲き始めた。とってもきれいだ」

このように、ちょっとうれしかったり、ラッキーだったと感じたレベルのものを、思いつくままに書きとめればいいのです。

忘れないうちにメモしておきたい人には、携帯の「メモ」機能を使うのをおすすめします。携帯をメモ帳として使えば、感じたことをすぐに記録できるので、「幸せ日記」はさらに充実したものになること間違いなしです。

じつは、この日記には4つの利点があります。
①すぐに忘れてしまう点を文字にすると、心に刻みつけられ、さらにポジティブな気持ちになれます。
②日記をつけるのが日課になると、「何か楽しいことはないだろうか」「素敵な

人と出会わないだろうか」と、いいこと探しをするようになります。
③日記のページが増えれば増えるほど、自分自身の幸せを実感でき、嫌なことがあっても、「私にはこんなに幸せがあるんだから大丈夫」という前向きな気持ちになれます。
④繰り返し幸せを味わえます。楽しかったことは何度でも人に話したくなるように、幸せな記憶は繰り返し思い出したいものです。日記を読むたびに、幸せを感じたその瞬間の記憶がよみがえり、心が満たされます。

いかがですか、いいことずくめではありませんか？

幸せの度合いを見るとき、その人の才能や地位、財力や暮らし向きに目を向けがちです。もしかしたら、そういったものを手にするのが幸せだと思っていたかもしれません。しかし、これまでの人生経験から、幸せはそれだけではないことに気づいているのではないでしょうか。

日々の暮らしで小さな感動や喜びを積み重ねることは、大きな幸せにつながっていきます。まずは小さな幸せを探してみましょう。

第 2 章

小さな習慣が暮らしを明るくする

「三しない」の精神でいく

60歳で定年した場合、「残された自由時間」がどれくらいあるのか。それは、およそ8万時間にも達するそうです。2021年にはいわゆる「70歳定年法」が施行され、70歳まで現役生活を続ける人は今後多くなると思いますが、その後、85歳まで生きたとした場合の「残された自由時間」を計算してみると、およそ5万時間にもなるわけです。

8万時間よりはずいぶんと短くなりましたが、それでも途方もない時間です。小学校6年間と中学校3年間の義務教育に費やされる時間がちょうど1万時間とされていますし、なんでも1万時間続ければプロになれるという「1万時間の法則」もあります。ちなみに、永世棋聖だった故・米長邦雄さんも、延べ1万時間を将棋の勉強に費やしてプロ棋士になったといいます。つまり、70歳で定年した後も義務教育を5回繰り返すか、5種類の異なった分野でプロになれるだけの時間が残されているということです。

こんなことを話しても、**「何もしなくても、時間はあっという間に過ぎる」とうそぶくシニアもいるでしょう。しかし、そんな生活は1カ月も続ければ飽きるもの。それでもまだ退屈を我慢して何もせずに過ごしていると、脳が衰えて認知症になるリスクが高くなる**とわかっています。

また、シニアが時間をもてあますと、飲酒量が増加してアルコール依存になる傾向も見られます。

逆に「退屈しないように刺激を求め続ける」という超積極型もいます。周囲からは「バイタリティーにあふれた若々しい人」に見えるかもしれませんが、ちょっと頑張り過ぎのケースも珍しくありません。

でも、頑張り過ぎると「百害あって一利なし」。体によいというスポーツも、やり過ぎは免疫力が衰えるとわかっていますし、また、細かい作業もやり過ぎると目や神経に大きな負担をかけます。

では、どのような心構えで5万時間を過ごせばいいのでしょうか？

そのヒントになるのが、故・松原泰道《まつばらたいどう》禅師が心がけていたという「三しない」というものです。

この「三しない」とは、「無精をしない」「無理をしない」「無駄をしない」ことです。

退屈を我慢していると、つい無精になりがちです。そうならないよう、無理のない範囲で日々を過ごすよう心がけましょう。

そして、もうひとつの「無駄をしない」も忘れずに。残された時間を1分1秒でも無駄にしない生活を送ってもらいたいと私は思うのです。

のんびり「ひと片づけ」はうれしい時間

部屋の片づけを思い立って始めてはみたものの、なんだか気乗りがせず、いたずらに時間ばかりが過ぎていく……そんな経験はありませんか？

おそらくは、手にした物をしげしげと眺めたり、懐かしさに目を細めたりするうちに片づけなど忘れてしまい、思い出にひたったり、ひまつぶしの時間になってしまうのでしょう。

それはそれで悪いことではなく、幸せなひとときといえるかもしれません。でも、本気で片づけるとしたら、ちょっとした工夫が必要です。

たとえば、BGMを流すという手があります。好きなアーティストのCDをかけながら片づけに徹すればいいのです。

使いたいのは、いわゆる「アルバム」で、たいていの場合、演奏時間が45分～1時間ですから、1枚のアルバムを聴いて楽しみながら片づけるわけです。

クラシックファンなら、交響曲のCDを1曲、つまり全楽章をフルで流してもいいでしょう。作曲家や作品にもよりますが、演奏時間の多くは1時間ほどです。好きな楽曲を聴きながらの片づけならば、楽しい気分で進められるはずです。

半日がかりでやろうと思ったら、数枚のCDを用意して、1枚終わったら、休憩がてらCDの入れ替えをします。

ただし、「今日は一日、片づけの日」と大上段に構えるのは、あまりおすすめしません。もし**一日中片づけをしたら疲れ果ててしまい、翌日あるいは翌々日には、筋肉痛に悩まされる心配もあります。何事も、ほどほどがいい**でしょう。

BGMの代わりにラジオ番組を利用する方法もあります。たとえば、午後1時~3時までの2時間番組を聴きながら片づけをするという作戦。

テレビ番組では、どうしても目を奪われてしまうので、音だけで楽しめるラジオにかぎります。

ラジオのいわゆる「ワイド番組」では、ニュースや天気予報が折々で伝えられますから、何となく聞き流していても、大切な情報は入ってきます。

日課のように続けて頑張らなくても、週に何度か「聴きながら片づけ」を繰り返していると、部屋の中が少しずつ整理整頓されていきます。

こうして、**ひと片づけが習慣になると、散らかっていた部屋もいつの間にか居心地のいいきれいな空間になっているはずです。**その後は、物をため込んだり、散らかしたままにしないようにと、意識が変わっていくのではないでしょうか。

禅の教えに「一掃除、二信心」という言葉があります。「まずは掃除、お経を読んだり、仏教を学んだりするのは、その次」という意味です。

禅宗が掃除を重んじるのは、「掃除を通じて、みずからの心を磨く」という理由からだそうですよ。

一日ちょっとだけ掃除で大満足

朝、目が覚めたとき、体調は悪くないのに、何となく気分がのらないという日もあります。そんなとき「今日は一日、休養日に」と、のんびり過ごそうと考える人も多いでしょう。

ところが、知り合いの女性は「そんな日だからこそ、私は掃除をする」と話しています。

朝、気分がモヤモヤしているのは、その日に楽しみや大切な用事がないためだと、彼女は言います。もし誰かと会う約束があったり、予定がつまっていたりすれば、シャキッと起きて、一日の活動を始められるはず。そうでないなら、いっそのこと、何か用事をつくればいいだけで、そのひとつが掃除ということのようです。

ただ、**部屋中の掃除をするのはさすがに重労働なので、ピンポイントで掃除**

をするとのこと。

たとえば、朝食をすませたあと、流し台のまわりをきれいに拭いたり、余力があればガスコンロをきれいにしたりと、**そのときの気分で、ちょこまかとした掃除をします。そうすると不思議なことに、モヤモヤした気分がいつの間にか吹き飛んでいる**というのです。

「明窓浄机《めいそうじょうき》」という言葉もあるとおり、たしかに身のまわりが片づいていると気持ちがスッキリするもの。逆に、目の前が散らかり放題では悶々《もんもん》とした気分になるのも無理はないでしょう。

彼女は、ピンポイント掃除をしながら「さて、次は何をしようか」と考え、何か思いつけば、掃除の後に行動に移し、何も思いつかなければ、別の場所の掃除にとりかかる……という時間の使い方をしています。

じつは、何箇所か掃除をしていると「そうだ！　あそこに行こう」とか「よし！　今日はこれをしよう」と思いつくそうで、「体を動かしていると脳も働くのかもしれません」と笑いながら話していました。

また、「私の日課は掃除です」という人の話も聞きました。

若い頃からきれい好きだったらしいのですが、年を重ねるとともに体力の衰えを感じてきたそうです。以前は、休みの日に部屋中の片づけや掃除を楽しんでいたのが、さすがに体がいうことをきかなくなり、掃除はつらい作業になりつつありました。

そこで考えたのが「ちょっとだけ掃除」。**毎日、どこか1カ所、たとえば「今日は洗面台」「明日は寝室」「明後日はお風呂場」と、一日に1カ所だけ掃除をするというもの。いってみれば、掃除のローテーション**です。

「これなら無理をしなくてすむし、毎日、気分がスッキリする」とご機嫌で、「ヘビーローテーションにならないようにだけ気をつけています」とのことでした。

年末の大掃除には、独立した子どもたちが手伝いに来てくれるそうですが、手の届く範囲はきれいになっていて、「うちより、ずっときれいだよ」と驚かれるとか。工夫しながら自分のできることをしているのですから、脱帽です。

サッと捨てて心を軽くする

ひとり暮らしの人から「じつは部屋を片づけられなくて……」という話をよく聞きます。広い一軒家に住んでいる人、マンション住まいの人と、住環境はさまざまですが、みなさん悩んでいる様子です。

誰でも、生まれたときは身ひとつです。生まれ育って、一生懸命に働いて、いろいろなものを手にしても、墓場まで持っていける物は何もないといわれるように、あの世に旅立つときは身ひとつです。

知り合いのお母様は、お菓子の箱や包装紙までとっておくという人でした。ところがあるとき、親しい友だちが介護付きの有料老人ホームに入居。お見舞いと見学を兼ねて訪ねてみたところ、一番大きな個室でも、洗面台や作り付けの棚などを除くと、居住スペースは8畳分ぐらい。ベッドを入れたら、あとは小さな整理ダンスを置いておしまいというくらいの広さだったのです。

その友だちは、こざっぱりとした部屋にまとめあげて、快適な日々を送っているようでした。別の部屋も見せてもらったところ、かぎられたスペースをきちんと整理して暮らしている人もいれば、天井まで物を積みあげ、まるで物置で暮らしているような人も。どちらが暮らしやすいかは一目瞭然です。

友だちの暮らしぶりに刺激されたのでしょうか、それ以来お母様は、物をため込むことをやめ、身のまわりを積極的に整理するようになりました。あまりにも思いきりよく捨てるので、家族が「本当に捨てちゃうの?」と思わず聞くほど。「老人ホームに入るための準備よ」と言いながら整理を楽しんでいるそうです。

実際に施設に入るかどうかは別として、**必要以上に物を持つことへのこだわりをなくし、身辺を整理する気持ちになるのは、ある程度の年齢となった人にとって大きな進化といえる**でしょう。

じつは私も、年に一度か二度は身のまわりを片づけるようにしています。仕事の資料などが増えていくのは仕方ないのですが、せめて自宅の書斎ぐらいは

もう少しすっきりしておきたい、と考えるようになってきたのです。

自分の部屋の片づけは誰かに任せるわけにはいきません。捨てていいもの、取っておくべきものの仕分けは自分にしかできませんし、他人に片づけられたり、どこかにしまわれたりしても、あとで厄介です。

休日をまる一日使って片づけるわけですが、このときの決まり文句が「あの世には持っていけない」という言葉。自分自身に言い聞かせてみると、取捨選択の判断に迷ったものでも意外にあっさりと手放せて、心が軽くなるものです。

「捨てられない病」を治す

「いつか必要になるかもしれない」と、使うあてのない物まで大事に取っておく人は少なくありません。その結果、身のまわりや家の中には、さまざまな物がたまってしまうことに。

あるとき、知り合いの編集者が「自分が手がけた最新刊です」と、いわゆる自己啓発本を送ってくれました。

「整理術」の本ではありませんでしたが、パラパラと見ていると、あるページに「毎週、10個ずつモノを捨てる」とありました。「要らない物、もう使うことがない物をいつまでも身辺に置いておくと、要るもの・要らないものを見分ける判断力が鈍ってしまう」と書かれています。

たしかに、毎週、要らないものを10個ずつ捨てると決めれば、身辺がすっきりします。同時に、何が必要で何が不要かを判断する能力が磨かれ、ひいては、あらゆる物事に対しても、どうするのが一番いいのか、的確に判断する能力が養われていくというわけです。

この本の著者は、毎週日曜日を処分デーと決め、奥さんも誘って、片方だけのイヤリング、使い込んでけっこうくたびれたエコバッグなどを処分したそうです。片方のイヤリングはペンダントにできるかもしれない、バッグはちょっとした買い物なら使えそうと思って手元に置いてあったものの、思い返してみると、そのエコバッグは3カ月以上も出番がなかったことから処分することに。どちらも「ないと困る物」ではなかったわけです。

ひとり暮らしの人は、どうしても「何かあったときのために……」「何かに使えるかもしれない」という気持ちになりがちで、物を捨てられないようです。しかし、**ひとりだからこそ、身のまわりの不要な物は処分しておいたほうが身動きを取りやすい**のではないでしょうか。

また、**身辺の無駄な物、不要な物をゲーム感覚で探し出し、どんどん処分していくのは、思考力や判断力のアップにもつながる**ような気がします。

私は今、「Tシャツは引き出しに無理なく収まる数だけ」と決めています。じつは簡単なことで、新しいTシャツを1枚買ったら、古いTシャツの中から1枚選んで捨てるだけ。

不思議なことに、それをルールにしてから、Tシャツを1枚買うのも、ちょっと慎重になりました。それまでは、いいと思ったら無造作に買っていたのですが、「似た色のものがあったなぁ」とか「このデザインはすぐに飽きそう」などと見極めるようになり、知らず知らずのうちに買い物にブレーキをかけられるようになっていたわけです。

もしかしたら、上手な捨て方が身につくと、買い方も上手になってくるのかもしれませんね。

使えるものは捨てずに「売る」

「断捨離《だんしゃり》」という言葉が、ひと頃話題になりました。ただ、断捨離と聞いて「とにかく、物を処分すること」と思うのは早計で、一説には「物にとらわれずに生きていこうとする考え方」ともいわれています。つまり、物を捨てるだけではなく、物に執着しない生き方そのものが断捨離というわけです。

さて、「もう使わないから要らない」と、ためらわずに物を処分できる人がいる一方で、「まだ使うかもしれない」あるいは「思い出の品だから」と、物をなかなか捨てられない人もいます。

「もう何年も着ていない着物や洋服、バッグやアンティーク小物など、買ったときは高かったけれど、今では不要になった品物をどうしようか……」と迷っている間に月日が過ぎていくという人も多いでしょう。

フリーマーケットアプリ「メルカリ」が調べたところでは、年末の大掃除で捨てられる予定の不用品の価値は、一人あたり、なんと約8・5万円にもなるそうです。**家の中には高値のお宝が隠れているかもしれません。「捨てずに売る」も賢明な方法**でしょう。

最近は「中古品をあげます・譲ります」といった情報を載せているインターネットの掲示板もあります。いわば年中開いている地域のバザーのようなもので、賢いシニアならチェックしておきたい情報です。

広域版ではなく、自分の住む市町村やその周辺あたりの掲示板であれば、譲り受けや引き渡しのハードルも下がります。もちろん、受け取る人が車を出すのか、謝礼はどうするのかなどのルールもあります。

たとえば、**かつて子どもが使っていた家具や本を誰かに譲りたいとか、趣味でガーデニングを始めたいのでプランターが欲しいという希望があれば、このような掲示板を利用するのもひとつの方法。まだ使える家電を買い替える場合も、近隣の方に引き取ってもらえるほうがお互いに楽**でしょう。

昨今は、家電や家具も捨てるのにお金がかかる時代ですが、近くの人が気持ちよく使ってくれれば、譲る側と受け取る側とでウィンウィンの関係が成り立ちます。

また、市町村の広報紙などで「あげます・譲ります」の地域サービスを掲載しているところもあります。こうしたサービスを活用すれば、お金を使わずに暮らしを快適にすることも可能ですから、一度試してみるのもいいでしょう。

ところで、読み終えた本を愛蔵する人が多い一方で、古書店で売り、そのお金で別の古書を買い求める人も少なくありません。そうした人にとっては、本の処分も難問のひとつです。

本については、最近、おもしろい情報をキャッチしました。いわば私設図書館で、営業している店の一角、たとえば書棚のひとつを借りて「オーナー」となり、その書棚には他人にすすめたい本を展示するのだそうです。販売はしないので、本の処分には結びつきませんが、自分のお気に入りの本が誰かを楽しませてくれるのなら、それもまた素敵な話でしょう。

買い物はネットで下調べし、より安く

若い頃は新聞の隅から隅まで読むのも苦ではなかったという人でも、高齢になると、とてもじゃないけど読み切れないと感じることがあります。なかには、何日分もたまってしまい、読む気がさらに失せていく……という人も。

その結果、ニュースや天気予報はテレビやラジオで流れているし、すぐに知りたい情報なら、スマホやパソコンで調べればいいからと、新聞の定期購読をやめる人も少なくないようです。

ただ、私のある知り合いは「新聞から解放されたのはよかったけれど、チラシを見たくてもお店に行かないと手に入らない」と嘆いていました。

それを聞いた別の知り合いは「あら、スマホでもパソコンでも店のホームページでけっこう見られるわよ。それに小さくて読みにくいと思ったら画面も拡大できるからとっても便利」と教えていました。

チェーン店では、エリアごとのチラシがスマホやパソコンの画面で見られたり、最寄りの店舗の情報を知ることができるようです。

近所に数軒のスーパーがある場合、スマホやパソコンを利用すれば、A店は肉がお買い得、B店は魚が安い、C店は「本日お買い物ポイント2倍デー」になっているなどの情報を、部屋にいながらキャッチできます。

「3軒も回るのは大変だから、1軒ですませたい」と思うのなら、その日のメニューに合わせて、どこか1カ所に行けばいいわけです。しかも、スマホに会員登録すれば、会員限定のポイントなどの得する特典が設定されたりします。

別の知り合いは「私はいわゆる『ガラケー・ユーザー』だから、スマホ会員の特典は受けられないけど、何軒かの店をパソコンで調べて、セールだったり、必要なものの値段を見くらべたりしたうえで、買い物リストを作って出かける」と話していました。

悩みの種は、せっかく作った買い物リストを、ときどき部屋に置き忘れること。それでも、一度、紙に書く作業のおかげで、それなりに覚えていられるそうです。

スーパーのセールや値段の比較だけなく、ネットでは、買い物も便利です。防災用品の代表ともいえる保存用の天然水をまとめ買いしたいとき、もちろんスーパーでも買えますが、レジをすませて、店内から駐車場まではカートが使えたとしても、あるいは自宅まで車で運べたとしても、部屋まで持ってくるのは、なかなか骨が折れます。

でも、**ネットで注文すれば、玄関先まで届けてもらえるので、重たい思いをせずにすみます。**もっとも、配達する人は大変でしょうけど、それは仕事のうちと割り切って、ここはひとつ楽をしましょう。せめて、配達予定の日時がわかっていたら在宅し、再配達の手間をかけないようにするくらいは心がけたいものです。

ウォーキングの記録が楽しみになる

現役時代に多忙な日々を過ごしていた人は、手帳にぎっしりと予定が書き込まれているのが当たり前で、スケジュールを書き入れるスペースが足りなかったという人もいるかもしれません。

さて、現役を引退すると、解放感も手伝って手帳を使わなくなる人もいるようです。しかし、手帳は予定を記すだけではなく、そのほかにもいろいろと役立ちます。

たとえば町内やマンションの会合、テレビやラジオで紹介していたおいしい店や面白そうな映画、興味深い本などの情報も、そのとき書き込んでおけば、「あれ？　何だったかな、いつだったかな……」と戸惑わずにすみます。

手帳をスケジュール帳と思わず、あれこれ記録しておきたい「ミニ日記」と考えてもいいでしょう。

書き記しておきたいことのひとつが、毎日の運動量で、その代表は「歩いた記録」です。いわゆる万歩計やスマホの歩数メーターなどには、その日の歩数の記録どころか、距離や消費カロリーまで記録され、さらに、週間・月間、あるいは年間の歩数を記録する機能もありますので、それは機器に任せておきましょう。

では、何を記録するかといえば、自分の目標と達成度です。たとえば、昔の五街道を歩く旅を楽しんでみることもできます。

東海道なら、品川を起点に東海道五十三次をたどり、終点は京の三条大橋。全工程は124里8丁で、約487・8キロメートルです。

最初の宿である品川までは2里ですから、8キロ歩いたら「品川宿に到着」で、その後、川崎宿、神奈川宿、保土ヶ谷宿と歩を進めていきます。もちろん、中山道《なかせんどう》から始めてもいいし、日光街道からチャレンジしてもけっこう。要するに、ただ歩くのでは張り合いがないから、江戸時代の人になったつもりで旅気分を楽しもうというわけです。

ウォーキングに加えて、体操やスクワットもしているという人もいるでしょう。NHKで放映されている「ラジオ体操・第1」「ラジオ体操・第2」「みんなの体操」では、体をほぐしたり、伸ばしたり、足腰を動かしたりする体操などがありますから、その日に、どんな体操をしたかを記録しておきます。

自分でやったスクワットの回数や時間、また、その日の体調を書き込んでもいいでしょう。そうすれば、立派な「健康記録」になりませんか？

その日に食べた物や体重、血圧、睡眠時間などを書いておくのもおすすめです。ただし、細かく記録することを目的にしてしまうと、面倒になったり、つらくなったりするので、あくまでゆるく考えること。もし何も書くことがなければ、その日の天気や気温だけでもいいのです。

じつは、このミニ日記をすすめたある人から「結局、今日も一日、何事もなく元気で過ごせた」としか書けなかったという話を聞きましたが、それもまた、その人にとっては大切な記録なのです。

背筋を伸ばすだけで心は若くなる

アンチエイジングのポイントは「姿勢」と言ってもいいのですが、意外と気づいていないか、それほど重要に思っていない人が多いようです。

年を重ねても、身だしなみに気をつけ、てきぱき動いているつもりが、あるとき、街中でショーウインドーに映った自分の姿を見てビックリ！　驚くほど背中が丸くなっていて、実年齢以上に年をとって見えて……そんな経験はありませんか？

化粧や服装をチェックするとき、鏡の前では背筋を伸ばしたりしますが、街を歩いているときは背中を丸めて歩いていても気づかないものです。それくらい自分自身で姿勢をチェックするのは難しいと考えていいでしょう。

それならば、意識的に、街にあるショーウインドーや鏡を見て姿勢のチェックをしてみませんか？

背中が丸いと思ったら、ピッと背筋を伸ばし、肩を引き、胸を上げるようにします。毎日何度でも、気づいたら背筋を伸ばすことを繰り返しているうちに、だんだん正しい姿勢が身につくでしょう。

また、背中が曲がっていると老けて見えるだけでなく、肺が圧迫されて呼吸が浅くなり、酸素がしっかり取り入れられなくなってしまいます。こうした状態が続くと、酸素不足で脳の働きも鈍くなっていきます。正しい姿勢を保つことは、健康でいるためにも非常に大切なのです。

さらに、**背筋を伸ばせば自然と視線が上がりますね？　人間は視線を30度上げると、考えが前向きになるといわれています。つまり、若々しい気持ちになるのです。**逆に、下を見ていると考え方も下向きになって、元気とはほど遠い気持ちになってしまうでしょう。

背筋を伸ばすだけで若く見え、健康にもよく、気持ちまで元気になれるのですから、即実行して大切な習慣にしたいものです。

「頑張って」ではなく「気楽にいこう」がいい

病院で一番よく耳にするのは「頑張ってね」という言葉でしょう。手術室に運ばれていく患者さんの手を握って「頑張ってね」と励ます家族。お見舞いに訪れた人が患者さんの部屋を立ち去る際にも「じゃあ、頑張ってね」と口にします。

もちろん、病気を克服するには患者さん自身の気力が大きいのは言うまでもありません。でも、あまり頻繁に「頑張って」と言われるのはいかがなものでしょうか。ちょっと考えてしまいました。

というのも、たいていの人はいろいろなことを頑張っているはずで、病気の人はなおさら「もう限界だ」と思うところまで頑張っていたりします。それなのに「頑張って」と言われると、「これ以上、どう頑張ればいいんだ……」と、落ち込んでしまう患者さんもいるのです。

そこで、人にも、自分にも、「頑張って」と声をかけるのをやめてみてはどうでしょうか。こんな場面では、アメリカ人はよく「Take《テイク》 it《イット》 easy《イージー》.(まあ、気楽にいこうよ)」と話すようです。

すでに頑張ってきた人生ではありませんか。**そろそろ「頑張る」は卒業して、ゆったり余裕を持つ姿勢で臨んではどうでしょうか。実際に、「頑張って」より「気楽にいこうよ」のほうがうまくいくケースが多い**のです。

精神科の診療室を訪れるのは、今まで頑張りすぎてきた人ばかりで、みなさん「気楽にいこう」と肩の力を抜くことが下手です。

頑張っている人の目線は、今の自分よりはるかに高いところに向けられています。それでは首が痛くなるし、肩も凝るはずですね。

たしかに「頑張る」という気持ちは大切ですが、プレッシャーになり、ストレスにつながることもあります。あまり多くを望まず、ゆったりとした姿勢、楽な呼吸で生きていくという道を選んでみませんか?

月に一度、「プチ贅沢」を楽しむ

毎日の食事は充実していますか？　いくら料理好きな人でも、一日3度となると手を抜きたくなる日もあるでしょう。しかし、食事は健康の源ですから、贅沢《ぜいたく》はしなくても栄養バランスのとれた食事を心がけたいものですね。

知り合いの男性シェフは、家庭の食事をすべて奥さんに任せているそうで、「少しくらいは手伝わないのですか？」と尋ねたところ、「家庭料理には家庭料理のよさがあります。プロが口出し、手出しするものではありませんよ」と話していました。

なるほど、そういうものか、と思っていると、「いや、じつはただ面倒なだけで……。朝から晩までお客様の料理を作り、疲れているので、家では包丁を持つのは勘弁してほしいだけ」と、苦笑いしながら本音を聞かせてくれました。

ただし、一年に2度、例外があって、それは2人の娘さんの誕生日。ケーキづくりも得意なシェフはおいしいケーキを作るそうです。さらに、誕生日パーティーで娘さんのお友だちが集まるとなると、腕によりをかけて食事を用意するそうで、ほほえましいかぎりですね。奥さんからは「私も一年に1度、誕生日があるんだけど……」と毎年言われるそうですが……。

プロの話はこれくらいにして、素人でも料理上手な人がたくさんいます。近くのスーパーで買ってきた食材をうまくアレンジし、その日の朝昼晩だけでなく、数日間の食事を作り置く人もいます。料理上手に加えて、やりくり上手でもあるといえそうで、おそらくは、そうした工夫をこらすことが苦労ではないどころか、楽しみのひとつになっているのでしょう。

さて、偶数月の15日は基本的に年金支給日になっています。年金生活者にとって定期的な入金がある日ですから、その日はプチ贅沢を楽しむ日にしたらどうでしょうか?

お金をおろした帰り道に、落ち着いた喫茶店で優雅な時間を過ごしたり、お気に入りのレストランで、ちょっと高価だけど大好物というものを食べたり、おいしいお菓子を買って帰るなど、誰にでも「これが楽しみ」というものがあるはず。それを実行するわけです。

これは食べ物にかぎった話ではなく、映画を見たり本を買ったりしてもいいのですが、ふだん質素な食生活をしているとしたら、やはり食べ物がいいでしょう。心理学でも「誰もが、おいしいものを食べているとき、おなかだけでなく心も満ちている」といわれるほどですから。

年金支給日にこだわらず、たとえば誕生日が14日ならば、毎月14日はプチ贅沢をする日に決めるのもいいでしょう。

そういえば、海上自衛隊では「毎週金曜日の食事はカレー」と決まっています。一説には「長期の海上勤務で曜日の感覚が失われるのを防ぐため、毎週1回カレーを出していた」といいます。

余裕があれば、月に1度ではなく、週に1度、プチ贅沢の日を楽しんでもいいかもしれません。

ひとりで行ける「なじみの店」をつくる

現役時代は同僚や部下と仕事帰りの一杯を楽しんだものだ……という人も多いでしょう。最近の若い人は、いわゆる「飲みニケーション」に消極的という話も聞きますが、ゆっくり話をしてこそわかる胸の内もあるもの。酒席で、仲間の意外な一面を発見したこともあったのではありませんか？

また、仕事がうまくいかないときや、ひとりになりたいときに、隠れ家的な店で静かに飲んだという人もいるでしょう。一日の仕事が終わり、職場と家の間にホッとする時間があることで、上手に気持ちを切り替えていたのでしょうね。

仕事を辞めてからも「ああ、今日も一日が終わった」と、一杯飲んで落ち着くことがあると思います。

ところが、ある知り合いが「仕事から離れたおかげで、満員電車に乗ることもなく、職場でのストレスからも解放され、ホッとしてはいるんだけど、夕方になると、何か忘れ物でもしたような落ち着かない気分になることがあるんですよ」と不思議そうに話していました。

あれこれ話を聞くと、どうやら、なじみの店に行く機会がなくなってしまったことも理由のひとつらしいのです。

なじみの店は、第二の我が家のような存在。会社から家に帰る途中で、ふらりと立ち寄ってカウンターに座れば、黙っていても「いつもの」が出てきます。店主や女将《おかみ》さんは、こちらの顔を見ただけで気分や状況を察してくれて、調子がよさそうなときには笑顔で話しかけ、そうでないときにはよけいな話をせず、ただ、そっとしておいてくれます。つまり、そこには居心地のいい空間と時間が存在していたわけです。

ところが現役を引退してしまうと、わざわざ会社の近くや、かつての通勤ルートをたどって、そういう店に足を運ぶことはなくなります。部屋にいて、すべてが完結できるひとり暮らしなら、なおさらでしょう。

もし「誰かと世間話でもしたい」「何となく人恋しい」と思うことがあったら、家の近くで、そんな店を探してみませんか?

日中、散歩がてら探してもいいし、夕方、ふらりと散策すれば、それらしいアタリがつけられるのではないでしょうか。もちろん、1軒目でお気に入りが見つかるとも思えませんが、何軒かのぞくうちに居心地のいい店に出合えると思うのです。

住宅街近くの居酒屋でも、駅前の居酒屋でも、本格的に混み始めるのは、オフィス街にある居酒屋よりもワンテンポ遅れるのが普通です。つまり、開店から、混み合う時間帯までのお客は、店にとってもありがたい存在のはずで、空いていれば、店主や女将さんが仕込みをしながら話し相手になってくれるかもしれません。

最初のうちは、たまに立ち寄ってみて、世間話などを楽しみながら、軽く飲んで帰ります。それを繰り返しているうちに「なじみ客」になり、地元の情報を教えてもらったり、ちょっとした相談事を聞いてもらったりできるようになるものです。

そのうち顔なじみの客もできれば、居酒屋友だちとでもいうべき仲間も増え、彼らとの会話が大きな楽しみになるかもしれません。

ひとり暮らしの人でも、そんな店が2～3軒あれば、さびしい思いをすることはありませんし、いい気分転換ができるでしょう。

そういえば、イギリスのパブが、まさしくそういった空間です。もともとは「Public《パブリック》 House《ハウス》」といわれた酒場ですが、「Pub」と呼ばれるようになりました。

地域の人たちが集まり、食事や飲み物を楽しむ社交場となっていて、お酒が入れば話が盛り上がるのは洋の東西を問いません。料理を食べて楽しい気分になれば、談笑の輪も広がるもの。パブは、数百年にわたる歴史を持つイギリス文化のひとつといえるでしょう。あなたも、そんな素敵な空間を見つけてみませんか？

定期的に出かける用事をつくろう

シニアの集まりで、ある男性が定年後の実感を話していました。

「現役時代は、家でのんびりできたらいいとか、毎日休みだったら幸せだろうと考えていたけれど、定年になって毎日することがなくなると、時間を持て余して、昔が懐かしいと思う」と。とくに仕事だけに生きてきた人は、「出かけるところがなくて、自宅でボーッと時間を過ごしている」となりやすいのです。

「いや、毎日出かけている」という人も、近くの図書館やショッピングセンター、カラオケ店というケースが多く、しかも、ただ時間を潰しているだけのようで、「充実した時間を過ごしている」とは思えません。

そこでおすすめしたいのが、**定期的に出かける用事をつくること。たとえば、資格が取れるという目標のある講座やスクールに通うのはどうでしょうか。そうすれば、ダラダラしがちなひとり生活にケジメをつけられますし、図書館**

へ行ってもただ過ごすのではなく、勉強するという有意義な時間になります。

どんな資格に挑戦するかは、その人その人の好み次第でしょうが、生活にメリハリをつけると精神的にも豊かになるはずです。

週に数回、曜日を決めて定期的にスポーツジムへ通うのもいいでしょう。「体力を維持する」「生活習慣病を予防する」など自分なりの目的が持てます。「自宅でもできる」と思うかもしれませんが、毎日ひとりで運動を続けるのはなかなか難しいこと。人間は自分に甘いものですからね。その点、スポーツジムに入会してしまえば、運動するモチベーションを維持しやすいのです。

3カ月とか半年に一度くらい旅行へ行くのもいいでしょう。贅沢のように思われがちですが、定年後は列車代やホテル代が安い平日やオフシーズンを利用できます。大型連休や土日を挟んだハイシーズンしか行けなかった現役時代よりもずっと安くすむはずです。

それに、「旅行する」という目的があれば、倹約生活になりがちな定年後の毎日も楽しく過ごせるのです。

新聞は文化・芸能欄に楽しみのネタがある

中高年の男性の話を聞くと、新聞を定期購読しているが、政治面、経済面、国際面、社会面、それからスポーツ面は読むものの、あとはテレビ欄を見るだけという人が少なくないようです。

一方、女性の場合は、一面と社会面と家庭面と投書欄、それからテレビ欄だとか。

たしかに、興味があることや知っておくべき記事には、誰でも必然的に目を配りますが、そうでなければ、見出しを読むか、あるいは、それもせず「素通り」かもしれません。たとえば文化面は、スルーされがちなのではないでしょうか。

文化面というと何やら格調が高く、読んでもなかなか理解できない話や、見ても聞いても、いったい何のことやらの難解な芸術論をとりあげた記事がある

ように想像するかもしれません。しかし、昨今の文化面には、なかなか面白い記事がとりあげられているようです。

たとえば、音楽プロデューサーが世相について語っていたり、心理カウンセラーが自身の著書についてではなく、それを書いた動機について説明していたり、建築家が現代社会を論じていたり、あるいはテレビ番組についての論評など、多様な記事が載っています。

もちろん、王道ともいえる、美術展覧会やクラシック音楽に関する記事もあれば、文芸時評のような定番の記事もありますが、総じて、わかりやすく書かれています。

スポーツ新聞の文化・芸能欄も、なかなかのものです。映画評やコンサートの模様を伝えるだけではなく、出演者の周辺情報やひと口コラムなど、読者を大いに楽しませてくれます。

私のある知り合いは、「目の病気をしてから新聞を読むのがどうもつらくな

り、定期購読をやめてしまった。でも、何もないとつまらないので、週末だけは、散歩ついでに駅の売店やコンビニで新聞を買って読んでいる」と話していました。

「週末の新聞は、平日よりもページ数が多いように思えるので、なんだか得した気分になれるんですよ。それに、新聞によっていろいろ違いはありますが、翌週のテレビ番組欄があるから、それが楽しみでね」

なるほど、新聞ひとつにしても、人それぞれ、いろいろな楽しみ方があるものだと知り、勉強になりました。

本は未知の世界への扉です

私自身が無類の本好きということもありますが、中高年、とくにひとり暮らしの人には、大いに読書をしてほしいと思っています。

読書は視野を広げ、感受性をはぐくみ、人間性を磨いてくれますから、人生の豊かな実りの時期にあたり、自分自身の一生を振り返るうえで、大いに役立つと考えるからです。

すでに読書好きの人ならおわかりでしょうが、読書はまさに、生活習慣のひとつです。

これまで、あまり本を読んでこなかったという人にとっては、いきなり読書好きにはなれと言われても……と、ハードルが高いように感じるかもしれません。そういう人も、試しに読んでみようか、くらいの軽い気持ちで本を読んでみてほしいのです。

精神科医として、また、希代のエッセイストとして膨大な著書を持つ故・斎藤茂太さんは「できるだけたくさんの本を読み、美しいものに触れ、思いやりを持って人に接する。当たり前のことを言っていると思うでしょうが、そういうことの積み重ねが、本当に人を美しくするんです」という味わい深い言葉を残しています。

じつは、**読書好きになるのはそれほど難しい話ではありません。はじめに手にする本は、自分が興味のある分野や関心のあるテーマでいい**のです。

ラジオのパーソナリティーが話していた本、新聞の書評で紹介されていた本、知り合いが面白いと話していた本、テレビで見たドラマの原作、大ヒット映画のノベライズ、好きなタレントのエッセイなどでも、気楽に読書デビューができそうですね。つまらなければ、別のジャンルやほかの作家の作品に移ればいいだけです。

また、最初のうちは、あれこれ読んでみましょう。そのうちに、自分の感性に触れる本にきっと出合えます。

それをきっかけに同じ著者のものを読んだり、あるいは、似たジャンルの本をどんどん読み広げていくようにすればいいだけです。まずは一日10分から始めて、食わず嫌いから脱却しましょう。

あれこれ本を読んでいくうちに、本に対する感度が磨かれていき、書店の店頭でパラパラとページをめくるだけで、「この本はよさそう」「面白そうだ」とサッと判断できるようになる人もいます。

私の話で恐縮ですが。50歳を過ぎてから、仏教、とくに真言宗の開祖・空海の世界に強く心引かれ、小遣いのほとんどをそうした本代に使うようになっています。

「これは！」と思う本に出合ったら、迷わずその場で買ってしまうのもおすすめで、人との出会いに縁があるように、本との出合いも、ある種の縁が働いていると考えるからです。

書店の棚は、本の回転が速く、次の機会に買おうと思っていると、次回はもう店頭にないケースも少なくありません。インターネットからでも本は買えますが、実物との出合いは、やはり大事です。書店をひとまわりするだけで、何となく今という時代を感じることもできたりします。

じつは、次々と買い込んだ本のすべてをすぐに読むことなんてできません。でも、こうした本を好きなだけ読める日がいずれやってくるのだと思うと、この先の毎日が待ち遠しくなるのではないでしょうか。「積ん読」は、そんな人生の楽しみも教えてくれます。

もし、「面白いかどうかわからないのに、高い本を買うのはどうかな」と考えるなら、図書館で借りて読んでみてはいかがでしょう。

近くにあれば散歩がてらに、ちょっと遠くても自転車やバスなどを利用すれば、公共図書館があるはず。これなら交通費だけで本に出合えます。

書店を回って面白そうな本を見つけたらメモしておき、本そのものは図書館で借りましょう。新刊本では置いていないケースもあるので、リクエストして待つというのも楽しみいっぱいな習慣でしょう。

公的サービスの活用名人になる

年を重ねるとともに、新しいことを始めようという気持ちが薄れてしまう傾向があります。しかし、日がな一日、何もせずにいるのは退屈でしょう。見るともなしにテレビを見ているだけでは、心にも体にもいいはずがありません。

あるとき、公民館の前を通りかかると「定年退職後のお父さん、地域にようこそ」というポスターを見かけました。

なぜ「お父さん」なのかと不思議に思い、公民館の人に尋ねてみると、「この自治体では以前からシニアの活動に力を入れてきました。でも、参加しているのは8割がた女性です」とのこと。

それだけでなく、そこに集まる女性たちからは、「私がこういうところに出かけると言うと、主人はうらやましそうな顔をするのよ」とか「いいなあ、お前は行くところがあって、なんて言われるの」という声が寄せられたそうで、それを受けて、男性にも大いに参加してもらおうと、お父さんへの呼びかけになったのだとか。

地域の活動に関心がある、ひとり老後の男性もきっといるはずです。しかし「地域デビュー」のきっかけをなかなか見つけられないのでしょう。そこでポスターを掲示して、男性にも気軽に参加してもらえるようになれば……というわけです。

「地域にようこそ」のポスターには、市内に数カ所あるコミュニティセンターの場所や、どんなことをやっているか――たとえば、囲碁・将棋の会、俳句・短歌の会、ヨガ・健康体操、地域の歴史を学ぶ会……などが書かれているだけでなく、「やってみたいことがあればアイデアを持ち込んでほしい」とも書き添えられていました。

その後のあるイベントでは、予想以上の参加者が集まり、大いに盛り上がったようです。じつは、男性だけでなく女性の参加者も交じっていて「もしかしたら、ご夫婦で参加されたのかもしれません」とうれしい誤算だったそうです。

今でこそ、男性も女性も仕事を持つ人が多いのですが、現在のシニアが現役で仕事をしていた時代は、男性は朝早くから会社に行き、自宅に帰るのは夜遅く。休日も接待ゴルフで早朝から外出……という人も多く、一方の女性は、家事・育児をして、町内会やマンションの自治会などの活動にも参加するというケースが多かったはず。その結果、地域に溶け込んでいたのは女性ばかりという構図が生まれてしまったのでしょう。

まるで、原始時代の「男性は狩りに出て獲物を得る。女性は子育てをする」という社会のようです。しかし、仮に「男性は外に出る」というDNAを持っていると考えれば、シニアになってからも、家でゴロゴロしているより外の空気を吸ったほうがいいのは間違いありません。

地域の公民館やコミュニティセンターなどに出かけてみると、さまざまなイベントがあります。好みのものが見つからなければ、自分から提案してもいいでしょう。そうした「窓口」はきっとあるはずで、お金をかけない賢い方法ではないでしょうか。

シニアバイトでちょこっと得する

最近は、時間帯によってシニアのバイトを採用しているお店が増えているそうです。

「もう少し仕事をしたいけれど、なかなか働く場がない」と嘆かず、積極的に探してみると、意外に働き口が見つかることがあるようです。若い労働力の不足から、飲食関係やコンビニなどが積極的に高齢者を採用しているためです。

シニアは真面目で無遅刻無欠勤。お客への対応もよく、安心して任せられると評価され、今後、雇用を進めたいというところも増えているそうです。

また、深夜や早朝など、仕事時間を少しずらせば、もっと可能性は広がります。たとえば、60歳以上の方で、午前7時～9時まで、商品の陳列や清掃などの開店準備をする仕事もあるとのこと。

そこで働くようになった人の話では、「2時間程度の仕事はほどよい運動になり、張り合いにもなっています」とうれしそうです。

デパートや小売店でも、そうしたシニアを配置しているところがあります。そのほうがお客との会話がはずみやすく、売り上げアップにつながるのでしょう。

60代後半とか、それよりさらに年上の人もいるようで、たまたま知人が話をしたスタッフは、こう言っていたそうです。

「私はもう70代なんですよ。立ち仕事ですが、お客さまといろんなお話ができるのは楽しみですし、あと4〜5年は続けたいと思っています」

インターネットで「シニアバイト」を検索すると、宅配便の配送、介護施設支援スタッフ、コールセンター、清掃、倉庫内での仕分け、運転代行、結婚式場の受付、飲食店、家事代行など、思った以上にいろいろと仕事が紹介されています。

短時間働いて、ちょこっとお小遣いを稼ぐのも楽しいですね。

一日一度は大きな声で笑うと体が喜ぶ

最近、大きな声を出して笑ったことがありますか？　若い頃には大笑いして涙が出たことがあったという人でも、中高年になると、それほど大きな声で笑わなくなったのではないでしょうか。

しかし、**笑いはあなどれません。笑いのメカニズムの研究が進むにつれて、笑いは健康を増進する大きな鍵であるとわかってきた**からです。

まず、笑うと脳の血流量が増えます。それも、声を出して笑うほうが効果は高いとされます。

ドイツの心理学者ティッチによれば「一日に20分笑うと、血液中のストレスホルモンが減少する。また、大きな声をあげて笑うと、βエンドルフィンが最も多く分泌される」とされています。βエンドルフィンとは、爽快感や感情を高揚させる「快楽ホルモン」のひとつで、「脳内モルヒネ」という別名もあります。つまり、つらさを忘れさせてくれたり、気持ちをリラックスさせたりする働きがあるのです。

日本の分子生物学者の権威《けんい》で、筑波大学の名誉教授でもあった故・村上和雄先生は、実験の結果、「笑いにより、よい遺伝子が活性化する」ことを明らかにしています。

難しい話はさておき、笑っていれば心は晴れるもので、怒りながら笑う人はいないでしょう。

とはいえ、ひとり暮らしで、誰もいない家の中で「ハハハハ」と笑っている自分に気がつくと、もしかしたら滑稽《こっけい》に思えるかもしれません。でも、大笑いしたところで、誰かに迷惑をかけるわけではありません。

そもそも笑いは、他人に向けた感情表現だけでなく、自分の心に向けた感情表現でもあります。おかしかったら、好きなだけ「ハハハハ」と、気兼ねすることなく笑えばいいのです。

「もしかしたら笑っている?」という表情やしぐさを見せる動物もいますが、

基本的には地球上の動物で笑うことができるのは人間だけともいわれています。笑いは、高度に発達した精神性がある証明だといっていいでしょう。

それならば、その特権を生かさないのはもったいない話です。テレビをつければ、大勢のお笑い芸人が活躍していますから、彼らの巧みなトークやギャグに、大笑いすればいいのです。**おなかを抱えて大きな声で笑える人は、心身ともに健康**だといって間違いありません。

「いい年をして、大きな声を出して笑えるか」と思う人は、寄席や演芸場などに足を運んでみてはどうでしょうか。落語には、笑い転げる話もあれば、ぐっとくる人情噺《ばなし》もあります。

少なくとも私の知るかぎり、寄席から出てきたお客さんはみなさんにこやかで、しかめっ面で出てくる人を見たことはありません。入場料も思ったより安いもの。笑って人生を楽しもうではありませんか。

「日常の欲望」を洗い流してスッキリ

お金をできるだけ使わず、今後の財布に合わせた「生活のダウンサイジング」ができるかどうかが不安な人は、一度、寺の宿坊に泊まってみるのはいかがでしょうか？　時々会うフリーライターの方から、こんな話を聞きました。

フリーライターというと、カッコいい印象がありますが、いつも仕事が約束されているわけではなく、先の保障のない生き方でもあります。

これまでは「経済的な不安」にかられても、若いときは「頑張ろう」と奮起して不安を乗り越えてきたそうです。でも、老後に向かう年代になると、「根本的に考え方を変えなければダメだ」と感じたそうです。

すると突然、禅寺にこもろうと思いついた。以前、仕事で禅の資料を読み、一度はやってみたいという気持ちがどこかにあったのでしょう。

そこで、道元が創建した永平寺に「3泊4日」の参籠《さんろう》を申し込み、福井県の永平寺へと向かいました。

寺の朝の起床は3時半。4時から座禅。それから朝の勤行《ごんぎょう》、入浴。それが終わって、ようやく粥《かゆ》と漬物だけの朝食です。昼食は一汁一菜。ご飯に味噌汁。一菜は大切りのサトイモ、大根、タケノコなどと揚げの煮物。その後に、庭の掃除、トイレの掃除、宿坊の拭き掃除をします。

夕食は雑炊と青菜の煮物が一腕と漬物。もともとは一日の残りものを刻んで鍋に入れ、ご飯を加えて煮たものだったそう。「残りものまで食べつくす」という精神ですね。

不思議なことに、ゆっくり味わいながら食べていたら、空腹感はなかったとか。普通の観光とはまったく別の体験に心が洗われたと話しています。

欲望がどんどん洗い流されて、生きていくにはたくさんの物は必要ないと身に染みて感じたそうです。

世間には、あれこれ欲望を誘う日常がありますが、欲望を洗い流した清々《すがすが》しい感覚で、つつましく暮らす自信が備わること間違いないでしょう。

第3章

人間関係で楽しみが生まれる

「ありがとう」で自分が幸せに

昭和の時代に映画評論家として活躍した故・淀川長治《よどがわながはる》さんは、誕生日に誰かから「おめでとう」と言われると「ありがとう」と答えながらも「でもね……」と続けて、「誕生日は母親に対して『ありがとう』を伝える日です」と話していたそうです。

自分の誕生日なのに、なぜ母親にありがとうなのか、と不思議に思った人もいるでしょうね。私も「どうして?」と疑問に思ったものですが、淀川さんの話を聞いて納得しました。

淀川さんによれば、「今、生きているのは母親が自分を産んでくれたおかげ。そして、その日に一番大変だったのは誰? 母親でしょ?」とのこと。なるほど、そう言われれば、母の日に感謝を伝えるだけではなく、自分の誕生日にもありがとうと言うのはもっともな話です。

他人に感謝する気持ちは誰にでもあります。たとえば電車やバスで座席を譲ってもらったり、何かを手伝ってもらったりすれば、「ありがとう」と言いますね。

ところが、街中でしばしば見かけるのは「あ、すみません」とか「どうも」などと言う人です。どうして「ありがとう」という言葉を使わないのでしょうか。あなたにも心当たりがありませんか？

「最近はなんでも、心底ありがたいと思えるのよ」と言っている知り合いがいます。ごく平凡に生きてきたまじめな女性で、今は穏やかなひとり暮らし。豪邸に住んでいるわけでもなく、俗にいうセレブでもありませんが、いつもにこやかで幸せそうです。

先日、お会いしたときも「私はいたって健康で、痛いところも悪いところも、全然ないんですもの、ありがたいわ」と笑顔で話していました。

聞くところ、空が晴れていれば「いいお天気ねぇ。日差しがあるとポカポカ暖かくてありがたいね」と言い、風が吹けば、「ああ、いい風、気持ちがいい。

天然のクーラーね、ありがたいね」と言うそうで、生きている日々をありがたくて楽しいものだと考えているようです。

彼女のように、身のまわりのこと、起こることのひとつひとつに感謝できる人を、私は「ありがとうの達人」と呼んでいます。

ありがとうの達人になると、まず、何より自分が幸せになります。それだけでなく、ことあるごとに、まわりの人に「ありがとうございます」と口にするので、そう言われた人も幸せな気分になっていくと思うのです。

ある調査で「人から言われて一番うれしい言葉は？」という質問があり、第1位に輝いたのは「ありがとう」だったそうです。たしかに「ありがとう」と言われて不機嫌になる人はいないでしょう。

ただ、身近な人に「ありがとう」と言うのは照れくさいかもしれません。とくに男性では、素直に「ありがとう」を言えないという人も少なくないようです。それでも「サンキューです」とか「ありがとさん」など、ちょっと軽めの言い方でも、お金をかけずに感謝の気持ちを伝えることはできるはずです。

ときには「いい加減」で心にゆとりを

「年をとって丸くなったみたいだね」と言われたことはありませんか？

このよく聞く言葉を自分が言われるようになると、さて「丸くなる」とはどういうことかと考えてしまいますが、そうして思い至ったのが、物事に「いい加減」になれることでした。

若い頃は何でも「白」か「黒」か、はっきりさせなければ気がすまない人が多いようです。答えは「〇」か「×」しか認めないタイプです。しかし、誰でも長く生きていれば、物事はそんなにきっちり割り切れるものではないのがわかってきます。

ドイツの児童文学作家ミヒャエル・エンデの『はてしない物語』の中に、こんな言葉があります。

「ぼくたちは二人とも正しく、また、二人とも間違ったことをしたのです」

そう、世の中には「正しいけれど間違っている」こともあれば、「間違っているかもしれないが、考えようによっては正しい」ことが数多くあります。

そのあやふやな部分が、「いい加減」という領域と重なるところではないかと思えるのです。

きちんと白黒つけようと突きつめていくのは決して悪くはありませんが、人間関係でいえば、ときには人を切り捨てたり、追いつめたりしかねません。場合によっては、結論は曖昧なまま〝いい加減〟で終わりにするほうが誰も傷つかず、それが一番いいときもあります。

年齢を重ねて、こうした経験の知恵を身につけている人は、和やかな時間を過ごせますね。

もっといえば、**〝いい加減〟を受け止められるようになることは、どんな状況になったとしても、ちゃんと対応できるということ。上手に生きていけるという自信にもつながる**はずです。

断れるのは高齢者の特権

好きなゴルフのコンペがあれば、とても楽しみで、早朝に起きるのも苦にならないという人は少なくないはず。懐かしい同僚や旧友と再会できる飲み会にしても、厭《いと》わず足を運ぶものです。

また、マンションの自治会や地域の会合、集合住宅の幹事や当番、あるいは町内会の役員や班長などの会議で、どうしても出席しなければならないものは、これも役割だからと割りきって参加せざるを得ないでしょう。

しかし、出席しようが欠席しようが、どっちでもかまわない。むしろ、できれば行きたくない、という集まりもあります。

たとえば会合の案内状が届き、「義理があるから、顔だけでも出さないわけにはいかない」というものならば、文字どおり、顔だけ出しておけばいいのではありませんか?

案内状には日時と場所が記されているはずで「13～15時」とあれば、15時ピッタリでなくても、その会合がお開きになったら、サッと辞去してしまえばいいのです。

「二次会があります」と誘われて、思いがけない人に会えたからもう少し話をしたいなと思えば、参加すればいいでしょう。**行く気にならなければ、何も用事がなくても「ちょっと野暮用があって……」と断ればいいだけの話**です。

80歳を越えた人生の先輩から、こんな言葉を聞きました。

「いろいろなつき合いがあるが、義理だの、しきたりだのと考えなければならないのは現役世代の人だけだよ。年寄りになると、体のあそこが痛い、ここが悪いから行けないと言えば、たいていの人は『それは大変ですね。お大事にどうぞ』と勘弁してくれるよ」

もちろん、彼はいたって元気な人ですが、年齢をうまい具合に利用しているわけですね。楽しいではありませんか。

「ドタキャンOK」を認めてもらう

年長者はよく天気予報を見るようです。年をとると、わずかな気候の変化で風邪をひいたり足腰が痛んだりするもので、気持ちのうえではまだまだ若いつもりでも、体のほうがついていかなくなります。そこで、毎日の天気が気になるのです。

高熱が出たり、歩くのがつらいほど足腰が痛ければ、外出を控えても、微熱くらいだと、無理をして出かけてしまうのではありませんか？　仲間と約束をしていれば、「せっかく会うのを楽しみにしてくれているのに、キャンセルしたら申し訳ない」と思うからでしょう。

でも、無理をして出かけると、いつものようにはいきません。口数が少なくなったり、歩調がスローになったりします。こちらが口にしなくても、仲間ならきっとそれを感じ取って、「調子が悪いの？」と気遣ってくれるかもしれません。

それよりも前に、自分から「ちょっと風邪ひいちゃったみたいで、体がだるいの」「実は、立ったり座ったりすると膝が痛い」などと話すことになるかもしれません。

それを聞けば、仲間も気をつかって、「少しカフェで休もうか」「買い物はそこそこに切り上げよう」と予定を変更するなど、お互いに心から楽しめないでしょう。

老後の友だちは、できるだけ「ドタキャンOK」にしておくといいでしょう。「ドタキャンなんてわがまま」「相手に迷惑をかける」と思うかもしれませんが、お互いさまです。

ほかの誰かがドタキャンしても、「大丈夫よ」と受け入れる、そんな関係でいられたら、気持ちが楽になるはずです。

もちろん、ドタキャンするときは必ず連絡を入れて、「ごめんなさい」の気持ちを伝えましょう。

「また今度」を「次は○○日」にしてみる

芸能界の挨拶は不思議なことに、朝はもちろん、昼間でも、夕方でも、さらには深夜でも「おはようございます」だそうです。

先にいた相手に、「早くからおつかれさまです」というねぎらいの気持ちから始まったとか、不夜城とも呼ぶべき業界だから「四六時中、おはようございます」と言っておけば間違いないからとか、昔から使われているから、とりあえずその挨拶ですませてしまえばいいから、などの話を聞きますが、どうやらルーツははっきりしていないようですね。

いわゆる「ギョーカイ」では、久しぶりに会った相手に「よう！　久しぶり。最近どう？」から始まって、ひとしきり会話を交わすと「じゃ、そのうちに飯でも食おうよ」と言いながらその場を離れるのも慣習だそうです。しかし「そのうちに」が実現することは、ほとんどないのです。

私たちも、**久しぶりに会った相手と「ご無沙汰ですねぇ」などと話を始め、お互いの近況などを話し終わると、「また今度、ゆっくりと話をしましょう」などとは言うものの、そのままになってしまうことが少なくありません。**

たしかに、コロナ禍の最中には人と会うのがためらわれたものですが、それなりに落ち着きましたから、感染に気をつけたうえで、会ったり食事をしたりしても問題はないはずですね。

それなのに「また今度」となり、しかも再会や飲み会、食事会が実現しないのはなぜでしょうか？

知り合いの営業マンから、こんな話を聞きました。

「偶然、大学時代の先輩とバッタリ会ったところ、ご多分に漏れず『いやぁ久しぶりだなぁ』から始まり、『最近、どう？』と、お互いの近況を簡単に伝え合いました。その先輩は**『近いうちに飯でも食おう』と言いながらスマホを取り出し、自分のスケジュールを確認しながら、『で、いつにする？』と。お互いの予定を確かめたかと思ったら、その場で日程を決めてしまったんです**」

「場所はあとで、いくつかの候補をメールするから」と連絡先を交換すると、「じゃあな」と別れ、さっさと次の目的地に向かっていったのだとか。

その見事さに、営業マンは啞然《あぜん》とするばかりだったそうです。

「たしかに、学生時代からせっかちな先輩でしたが、それにしても、なんだかつむじ風みたいでした」

なるほど、こうすれば「また今度」ではなく、「次はいつ」を設定できるというわけですね。

私も機会があれば、この手をぜひ使ってみようと考えています。

冠婚葬祭も「義理欠く」でいい

夏目漱石は『吾輩は猫である』の中で、合理的な人づき合いについて「義理をかく、人情をかく、恥をかくの『三欠く』を実行すべし」と書いています。シニアにとっては、これはまさに名言といえるのでないでしょうか。

日本では冠婚葬祭が重んじられ、多くの人が成人式に出席し、20代〜30代は結婚式、40代〜50代は親世代の葬儀、60代以降になると同世代の葬儀と、それぞれの年代で慶弔《けいちょう》ごとがあります。

しかし、お祝いごとはともかく、たとえば**葬儀に関しては、お世話になった相手や、その親族でもないかぎり、参列を遠慮して弔電を打つことにしても失礼にはあたらない**のではないでしょうか。

遠方だったら一日がかりになるケースもあり、交通費だけでも負担になりますし、そもそも自分自身の体調がよくなかったり、持病をかかえたりしていれば、身動きがとりにくいことも考えられます。

じつは、知り合いが父親の葬儀で喪主を務めたあとに「おいでいただいた方に対しては、ありがたい気持ちでいっぱいでしたが、受け入れるほうとしても、なかなか大変でした」と話していました。なるほど、お通夜があり、告別式がありとなると、親御さんを亡くした悲しみにくれる時間などなく、次から次へと対処しなければならないことがあり、苦労したようです。

そういえば「葬儀で慌ただしい思いをしなければならないのは、悲しみにひたる時間をつくらないようにするためかもしれない」と聞いたこともあります。

お別れの席に足を運ばなかったことが気になる人、あるいは遺族の方が気を悪くしたのではないかと不安に思う人は、丁重な手紙を送ってみてはどうでしょうか。さすがに電話やメールでは、軽々しく思えますので。

老後のつき合いは、人からどう思われるかと考えるよりも、虚礼は廃止、無理はしないと考えるのが楽だと思います。

「お金は貸さない」と決めれば気が楽

仲のいい友だちにお金を貸したために絶縁したというケースは世間にたくさんあります。「お金を貸すのなら、あげたと思え。戻ってくると思うな」という言葉があるように、金銭の貸し借りにはトラブルがつきものです。

大切な関係を続けたいと思う人には、お金を貸さないほうが賢明なのですが、「あなたにしか頼めない」と頭を下げられたり、相手の困った状態を知っていれば、なんとか力になりたいと思うでしょう。

しかし、きちんと返されればいいのですが、返ってこなければ、お金を返さない＝信頼を裏切った、となります。

私自身は、借金は試金石だと思っています。食事代の立て替えのような少額の貸し借りは別ですが、借金の申し込みを断ったために、その後のつき合いが断絶するような人は、いつかは自分から離れていく人だったと思えばいいので

ひとにお金は貸さないと決める

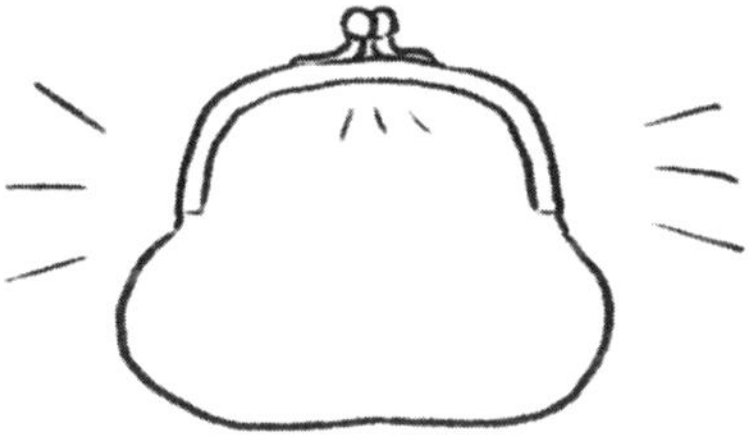

はないでしょうか。

「苦しいときに手を差し伸べてくれないなんて、本当の友だちじゃないな」というのは、借金する側の勝手な論理だと思います。

どんなに頼まれたとしても、「お金は貸さない主義」を一貫させて、断ればいいと思います。

本当の友だちであれば、断る側の気持ちもくみ取ってくれて、苦しい思いを理解してくれるでしょう。

心豊かな老後を過ごすためには、「人にお金は貸さない」と決めてしまうと心が軽くなるでしょう。

人とのつながりを「0か100か」で考えない

「『人』という漢字は人と人とが支え合って生きていることをあらわしているというのは間違いです」という話を聞きました。正しくは、人が立ち上がっている姿から生まれた象形文字がルーツなのだそうです。

たしかに、支えられているほうは楽かもしれませんが、支えているほうはたまったものではないでしょう。

さて、孤独をなによりも愛する人、あるいは、ひとり暮らしを満喫している人ならともかく、社会生活を営むうえでの孤立は避けたいものです。

会社勤めをしていた現役時代を考えると、仕事を中心に人間関係が築かれていたのではないでしょうか。あまり好きになれない人や、人間性に問題がありそうと感じる人でも、「仕事だから仕方がない」とか「この人とつながっていれば出世できそう」と思えば、ちょっと我慢してでも人間関係を維持していたはず。取引先の相手にしても、お客様だから……と、忍の一字だったかもしれません。でも、そうした人間関係はストレスになっていませんでしたか？

退職後は、ストレスを感じるような相手とは無理をしてつき合う必要がなくなります。つまり、自分の好き嫌いが最優先で、気の合う人とだけつき合えばいいと考えるのも無理のない話。会合やイベントに誘われても、なんだかんだ理由をつけて断ってしまえるでしょう。

しかし、人間関係のストレスから解放されるのは喜ばしい話ですが、なかには「つき合いたくない人を避けていたら、いつの間にか周囲から孤立してしまった」というケースもあるのです。

ひとつには、つき合うか、つき合わないかを「0か100か」という極端な考え方で判断したために起きるケースが考えられます。

たとえばあなたが、「Aさんは、考え方があまり好きではないのでつき合わない」「Bさんとは価値観が同じようなので、つき合いたい」と考えていたとしましょう。

でも、Bさんがあなたとつき合いたいと思っているとはかぎりません。もしBさんがあなたを敬遠していたとしたら、Bさんからは距離を置かれ、Aさんとも縁遠くなってしまいます。しかも、じつはAさんとBさんは波長が合っていて親しくつき合っていたという場合もあり得ますね。

孤立しないためには、好き嫌いを「ほどほど」にしておくのがいいでしょう。誤解を恐れずにいえば「ずぼらな人間関係」と呼べるかもしれません。

さきほどの「Aさんは、考え方があまり好きではないのでつき合わない」という考えは「あまり好きではない＝つき合わない」と決めつけています。テストの点数でいえば0点をつけたようなものです。

もしかしたら、初対面であまりいい印象を持てなかったせいかもしれませんが、「第一印象はあまりよくなかったけれど、つき合ってみるといい人だった」というのはよくある話。そもそも、考え方は人それぞれ違って当たり前。学生時代からの長いつき合いという親友でも、まったく同じ考え方ではなく、お互いの意見がぶつかったこともあるでしょう。

親友でさえそういうことがあるのなら、「あまり好きではない」と思う人にいきなり0点をつけて、拒否してしまうのは考えものです。50点とか60点を仮につけておき、判定は保留、つまり、しばらく様子を見るようにしてはどうでしょう。

一方の「Bさんとは価値観が同じようなので、つき合いたい」という考えも「価値観が同じようだ＝つき合いたい」と決めつけて100点をつけているようなもの。しかし、実際につき合ってみなければ、その人の本質は見えてきません。

「最初はいい感じだったのに、しばらくすると違和感が生じて……」というのも人間関係でよくある話です。

いくつになっても、人づき合いは難しいもの。初対面の相手とのつき合いはグレーゾーンから始めるのが気楽といえそうです。

SNS友だちとは割りきってつき合う

シニアにも愛用者の多いフェイスブック。基本的に実名を明かし、情報の公開範囲も自由に設定できる点が年輩層に人気がある秘密かもしれません。

「今日は友人と行列のできるレストランに来ています」「娘が誕生日に花束を送ってくれました」「夫と結婚記念日に温泉旅行に来ています」など、楽しそうな画像や情報があふれています。

Cさんは、1年ほど前にフェイスブックを始めて、すぐに夢中になったそうです。つながっている人たちに興味や関心を持ってもらえるよう、工夫して写真を撮り、気の利いた言葉を投稿しました。

フェイスブックには「いいね」があり、投稿を見た人が賛同すれば「いいね」ボタンを押します。それがカウントされ、何人が「いいね」を押したかがすぐにわかります。また、投稿に対する感想コメントも残りますから、投稿者にとっての楽しみのひとつでしょう。

Cさんは「いいね」の数が多いほど、またコメントが書き込まれれば書き込まれるほど手応えを感じて、ますますのめり込んでいきました。しかし、「いいね」が少なかったり、誰もコメントをつけていなかったりすると「もしかしたら変なことを書き込んだのかな？」「こんな投稿じゃ見る気がしないのかも」と不安になることも。

そのため、もっとみんなの目を引く投稿をしなければと、わざわざ人気のカフェに出かけたり、画像を載せるために高いケーキを買ってきたりするようになってしまったのです。

自分の日常を見せることで友人とつながるはずのフェイスブックが、見せるために日常を演出する結果に。こうなると、本末転倒です。

さらに、他人のフェイスブックを見て、「あの人はいつも家族自慢ばかりする」といった妬《ねた》みを覚えたり、「あの人の暮らしには勝てない」と妙に落ち込んだりすることもあったそうですが、わざわざ自分の不幸を投稿するような人はいませんから、素敵な出来事や、ちょっとした自慢の投稿が多いのも当たり前の話です。しかし、あまりにも夢中になっていたCさんは冷静さを失って、ネガティブな考え方になっていたのでしょう。

ＳＮＳで自分にコメントしてもらうためには、基本的に、相手の投稿へのコメントも必要です。しかし「友だち」の数が増えれば増えるほど、当然、その作業も増えます。人によっては何時間、いや、半日を費やすケースもあるとか。じつはCさんも例外ではなく、やがては楽しかったはずのフェイスブックが次第に重荷になってきたのです。

フェイスブックにかぎらず「SNSは楽しいけれどストレスも感じる」と気づいたら、いったん距離を置いてみましょう。しばらくすると「なんであんなに夢中になっていたんだろう」と気づくはず。

現実世界の人づき合いと違って、切れたら切れたで別に何ともないのがネット上のコミュニケーションです。「ＳＮＳは別世界」と割りきったうえで大いに楽しんでほしいものです。

メールではなく、あえて葉書を選ぶ贅沢

間違って入力したら打ち直せばいいし、送信すれば瞬時に相手に届く……パソコンやスマホで送受信できるのですから、メールは本当に便利です。しかも、電車やバスに乗っていて通話ができないときでも、メールならやりとりできるので、移動中の通信手段としても格好のツールです。

とはいえ、事務的な話ならともかく、挨拶文や時候見舞い、あるいは年賀状の代わりとしてのメールは、ちょっと味気なさを感じます。

ひと頃、若い人たちの間では、年賀メールと称して「あけおめ、ことよろ」という文面が行き交っていました。「あけ（まして）おめ（でとう）、こと（しも）よろ（しく）」の省略形で、とりあえず友だち同士なら、それですむのでしょう。しかし、分別のあるいい大人が、どれもこれもメール頼みというのは、さびしいかぎりですね。

和紙に筆で書くなどと大層なことをする必要はありませんが、たまには便箋に万年筆を使って自筆で手紙を書く程度のことは、たしなみのひとつにしたいものです。

一時期、絵手紙がちょっとしたブームになり、葉書に絵を描いて、文字を綴《つづ》るのが流行しました。文具店には、墨や絵の具がにじまないように工夫された専用の葉書もありました。

葉書を書くとなると、それなりの準備がいります。書き出しから結びまでの文面を考え、ひと文字ずつ書き、郵便番号や住所、宛名を間違いなく書き、ポストまで行って投函と、メールにくらべたら、たしかに面倒でしょう。

しかし、葉書の文面もさることながら、**住所や宛名を書いているときに、相手の顔が浮かんだり、以前、会ったときのことが思い出されたりするもの。つまり、時空を超えて、相手のことを思い出せる**わけです。

投函しても、届くまでに数日かかりますが、それもまた、アナログ的で風情があります。何よりも、葉書を受け取った相手のうれしそうな顔を想像するのも楽しみなものです。

評論家の樋口恵子さんは、友人への短信や御礼など、ちょっとした気持ちをしたためるのに葉書を活用しているとのこと。

知り合いのルポライターは、初めて取材した相手はもちろん、インタビューでお世話になった相手が初対面だったら、その日のうちにお礼の葉書を書くようにしているそうです。

「その人の顔や声、あるいはしぐさがよみがえると、原稿を書きやすくなりますから」と話していました。返事が来ることはほとんどないそうですが、それでも彼は続けています。

「うれしかったのは、永六輔さんから返事をいただいたときですね。ほんの数文字、数行でしたが、味わい深い文字で、これを永さんが書いてくださったんだと思うと感動で……今でも手元にあります。私の宝物です」と、楽しそうに話してくれました。

いかがですか、ときには一筆したためてみませんか？

家族には「気にかかること」をサラッと話してみる

ひとり暮らしだからといって、天涯孤独という人は少ないでしょう。地方に住んでいるシニアの場合、子どもは都会で仕事をしているというケースもあります。ちょっと離れた街に子どもや孫が住んでいるかもしれません。従兄弟・従姉妹や甥《おい》っ子・姪《めい》っ子の勤務先が近くというケースもあるはずです。

自分の子どもが顔を見せにきてくれるのは、ひとり暮らしのシニアにとってうれしいもの。とりわけ、お孫さんを連れてきたりすると、まさに子どもそっちのけで孫と遊んだり話をしたり、楽しいひとときを過ごせるのではないでしょうか。

しかし、子どもが訪ねてきたときに「うれしい、楽しい」だけで終わらせてしまうのは、ちょっと残念。まじめな話をするチャンスでもあるからです。

たとえば**自分の健康、衣食住の様子や経済の状況など、ふだん気になってい**

る点を子どもに伝えておきたいところです。

なかには子どもに心配をかけたくないと考える人もいますが、一緒に暮らしていないからこそ知っておいてもらうべきことはあります。

都内で働くある女性は「実家の親に会うのは年に一度か二度。日帰りできる距離ではなく、どうしても2～3日は家を空けることになります。私は私で仕事もあるし、子どももいるから、なかなか行けません」とつらそうに話していました。「でも、弟が実家から車で2時間くらいのところにいて、3カ月に一度は様子を見にいってくれています」とのこと。

弟さんは、奥さんと一緒に実家を訪れると、日用品や家電などを点検して、メンテナンスをしたり、家のまわりの雑草が気になると、自分で刈る時間はないので、業者に草刈りを依頼したりして、面倒をよく見てくれているそうで、「親孝行の弟がいてよかった」と話していました。

この弟さんのように、頼りになる子がいれば安心ですが、誰にでもそんな人がいてくれるとはかぎりません。それどころか、そんな親孝行の子どもはいな

いケースも少なくないでしょう。
そうなると、ひとり暮らしの人は自衛策を考えなければなりません。
たとえば**自分ひとりではできないことや日々の暮らしで困ったこと、あるいは必要なものなどをメモしておいて、電話で誰かに頼んだりメールで伝えたりする必要があります。**もちろん、急がないのであれば、子どもなどに頼んでもいいでしょう。
離れて暮らしていても、親子の縁は、そう簡単に切れるものではありません。きちんと話をしておくことは、どちらにとってプラスになるはずです。

子どもとの交流は親から話すのが楽ちん

「たまには孫の顔を見たいのに、お盆やお正月にも来ないし、電話だってかけてこないのよ」

この人は、遠方に住む子ども夫婦があまり連絡してこないのを不満に思っているようですが、これと同じ思いをしたことがある人は要注意。なぜなら、心の若さが失われかけている証拠だからです。

会いたい、声を聞きたいと思っているのは自分自身なのに、こちらからは動かずに相手が何かしてくれるのを待っているだけ。そのうえ、自分の思うようにならないと「してくれない」という不平不満が渦を巻くようであれば、心が〝動脈硬化〟を起こしているといえます。

もし**孫の顔が見たいのなら、自分が出かけて行けばいいではありませんか。子ども家族の様子が気になるなら、電話をかけるなり、メールを送るなりすれ**

ばいいのに、なぜ自分から動こうとしないのでしょうか？

それは、「子どもなら当然こうすべき」というふうに頭から決めつけているからで、裏を返せば、子どもに甘えていることになります。

子ども夫婦は自分たちの生活だけでも大変です。2人とも働いているなら、休みが合わない場合もありますし、孫が学校に行くようになれば、学校行事や習い事などがあって、家族そろって出かけるのもだんだん難しくなります。ましてや帰省ラッシュのお盆やお正月の混雑ぶりを考えると、小さい子を連れての帰省なんて、できれば避けたいところでしょう。

どうか、こうした事情を考える想像力を持っておいてください。相手を思いやることができるかどうかは、心の柔軟性にかかっているのですから。

子どもや孫に会いたいと思ったら、こちらから出かけてみてはどうでしょうか。離れた場所なら、そのあたりのホテルや旅館を予約し1泊旅行を計画して、顔を見せるのもいいかもしれません。

まずは自分から積極的に動いてみれば、心が楽になります。

我慢せず、きちんと言葉に出す

「子どもが結婚したら、同居は望まない」という親も多いようです。

たしかに、2世帯同居は、年代の違う2つの家族が生活を共にすることで、いろいろなメリットがある半面、デメリットもあるでしょう。

親の世代は、今の若い人は受けた教育も価値観も違うのだからと、何か言いたいことがあっても口を出さずに我慢しようと考えます。

一方の若い世代は、祖父母が孫を過剰に甘やかしたり、教育方針にあれこれ意見を言ってきたりするのは孫かわいさからなのだからと、我慢しようと考えます。

両者とも、トラブルを避けるためには我慢して何も言わないのが一番だと思っているわけです。

しかし、この我慢するという気持ちは、謙虚のようであって、じつは「こっちさえ我慢していればうまくいく」といった思い上がりや、「こんなに我慢しているのに、なぜわかろうとしないの？」と、相手を悪者にして自分を哀れむ負の心を生み出します。

そのうえ、何よりもよくないのは、トラブルを避けたいからと、問題を放置していることです。

「うちの娘は、孫の世話を押しつけて遊びに出かけてばかりいる」

「お嫁さんは、孫に習い事ばかりさせて。もっと遊ばせてやればいいのに」

「育ち盛りの孫に合わせたメニューばかりで、食べられるものがない」

親の世代はこう思いながら言えないのですが、若い世代の側もこんな不満を口にできずにいるかもしれません。

「お義母《かあ》さんは、子どもに厚着をさせすぎだ」

「おばあちゃんは、孫が欲しがれば、お菓子でもおもちゃでもすぐに与える」

もしかしたら、相手への遠慮もあって言いにくいのかもしれませんが、口に出さずに我慢しすぎると、不満はたまりにたまり、心がかたくなになっていきます。

こんなことにならないように、**言いたいことは我慢するのではなく、きちんと言葉にして伝えてみませんか？　トラブルになるのを恐れていては、問題は解決しません。険悪な雰囲気にならないような言い方をしたり、相手とコミュニケーションをとる努力をすることこそ必要**なのではないでしょうか。

「孫はかわいいから預かるのはいいけど、急に頼まれても無理な日もあるのよ。友だちと出かける予定もあるし、ちょっと疲れていることもあって。年かしらね？」

といった感じで相手を尊重しながら、自分の気持ちをさりげなく伝えられるといいですね。

「トラブルは面倒だから黙って我慢」という考えが頭に浮かんだときは、心の老化が始まっていると考えてください。柔軟な心でコミュニケーションをはかってみれば、かえって面倒になりません。

ちょっとしたプレゼントで つながりが深くなる

若い頃は、友だちの誕生日にプレゼントを渡したり、結婚記念日にレストランで食事をしたりと、何かの記念日に奮発した記憶があるでしょう。

しかし、年を重ねるとともに、そうしたイベントはなおざりにしがち。とりわけひとり暮らしになると、まったく無縁という人もいそうです。

とはいえ、ちょっとした集まりや、知り合いの家に招かれたときには、さすがに手ぶらでは行きにくいでしょうから、ちょっと気の利いたおみやげのひとつも用意したいものです。

訪問先がひとり暮らしのシニアだったとしたら、おすすめしたいのが、やや小さめの甘い和菓子です。日持ちしにくいものもありますから、数日で食べきれるくらいのボリュームがいいでしょう。

ひとり暮らしの女性から、こんな話を聞きました。

「知り合いが、おみやげに和菓子を持って訪ねてきてくれたので、一緒にいただいたら、とてもおいしかったんです。食べきれなかったので、翌朝にもちょっとつまんだら、その日一日、体の調子がよかったんです。不思議ですね」

でも、これは不思議な話ではありません。

甘い和菓子は、お茶請けになるだけでなく、朝の「おめざ」にも適しています。起きたときに、たいていの人がボーッとしているのは、脳のエネルギー不足によるものです。

体重の2パーセントほどの重さしかない脳ですが、一日に必要なエネルギーが、じつは体全体で必要なエネルギーのおよそ20パーセント。要するに「脳は食いしん坊」なのです。

脳のエネルギー源となるブドウ糖のもとは、甘い食べ物に多く含まれています。つまり、甘い食べ物の多くは脳をいち早く目覚めさせ、活発に働かせてくれます。スッキリとした一日が始まり、当然、好調な一日になるわけですね。

第 4 章

ストレスを手放してスッキリする

不安を自分ひとりで抱え込まなければストレスなし

「老い」という言葉を聞けば、ほとんどの人がマイナスの印象を持つと思います。シニア世代ともなれば、日々の生活の中で老いを実感しますから、不安やあせりで、やりきれない気持ちになるかもしれません。

たしかに、年齢を重ねれば体力は落ちますし、物忘れが多くなったり、何かをするのも億劫《おっくう》になったりしますね。新しい機器の操作なんて、覚えるのも面倒ですし、慣れるのにも時間がかかります。

もしかしたら、**若い頃できていたことができなくなるのが、老いをネガティブにとらえる一番大きな理由**かもしれません。

それなら、若い頃とくらべてどのくらい衰えているものなのか、見てみましょう。

まず筋肉量ですが、加齢によって70歳の人は30歳の人より3割減ります。

「えっ、そんなに減っているの⁉　それじゃ動くのも大変！」と、びっくりしたかもしれませんが、これは、日常生活には何の支障もない減り方なので、ご安心ください。

次に、記憶力など頭の働きに目を向けてみましょう。最近のシニア世代は、「若い頃より物覚えが悪くなった」「新しいものについていけなくなった」と言いながらも、多くの人がスマホを持ち、メールを打ったり、写真や動画を撮ったり、支払いをしたりと、使いこなしています。

十数年前に、70代、80代の人がスマホでメールを打つなんて考えられましたか？　しかも、ごく普通のシニア女性が「スマホって便利よね。孫とも顔を見ながら話せるし」などと話しているのを聞くと、どこに「老い」が来ているのかと首をかしげてしまいます。

今のシニア世代は、昭和の時代に、会社でコピーをとったり、ファクスを送ったりできなかったおじさんたちより、ずっと進化して何でもできます。

つまり、「老い」という言葉のイメージばかりが先行して、何でもネガティブにとらえすぎているのではないでしょうか。

それだけでなく、自分自身が抱えている問題を「老い」のせいだとすり替えて考える人もいるようです。

私たちは、この世に生まれた瞬間から死に向かって進んでいて、年齢に応じて体が変化していくのは自然なこと。それならば、日々の暮らしでは「老い」を意識しないで過ごしたほうがいいのではありませんか?

また、**老いに対しての不安は、自分ひとりで考え込まず、いろいろな人の意見を聞いてみるといい**かもしれません。「僕も同じだよ」「私なんか、もっとひどいわ」というような会話は、同年代の人が集まると必ずといっていいほど交わされますよね。そして、お互いに「自分はこんな対策をしている」とか、「そんなこと、気にしないほうがいいよ」というようなアドバイスもあるのではないでしょうか。

同じ気持ちの人と出会えれば、「ああ、私だけじゃないんだ」と、スーッと心を軽くできるでしょう。

やりたいことを紙に書き出すとホッとする

あなたは、小学校の授業で「将来の夢」という作文を書いた記憶がありませんか？　卒業文集のタイトルになることも少なくありませんね。

さて、その夢は実現しましたか？　あるいは、その後新しく生まれた夢をかなえることができたでしょうか。

「息子が夏休みだから、お父さんの様子を見にきたのよ。ひとり暮らしには慣れた？」と、小学1年生の孫をつれて、娘が実家に戻ってきたある男性。

そのお孫さんと一緒にお風呂につかっていて「おまえの夢は何だい？」と聞いたところ「サッカー選手」と即答したそうです。

「そうか、がんばりな」と言うと、そのお孫さんが、すかさず「おじいちゃんの夢はなぁに？」

「何て答えたんですか？」と私が尋ねると、その男性は「いや、何も答えられませんでした」と苦笑い。

将来の夢はともかく、**年をとっても「あれがしたい」「これが欲しい」「あんなふうになりたい」と、さまざまな希望や憧れはあるものです。それをノートに書き出してみませんか？**

ひとつひとつ項目を書いたら、その下は2行くらい空けておきます。空けた1行目には、いつまでに、どうやって実現させるかを書き、2行目は実現した日付と感想を書き込むためのスペースですが、最初に夢や希望、憧れを書く時点では、何も考えずに項目だけ書いておけばいいでしょう。**たくさんあると思っていても、実際に書き出してみると、案外少ないのではないでしょうか。だとすれば、コツコツと実現させていけば、すべてかなえられるかもしれません。**

その後に、さらに生まれた目標があれば、それも書いていきます。新しく思い浮かぶ夢や希望も、同じように書き加えていきます。こうすれば、いつまでも、いくつもの夢や希望を持ち続け、しかも、それをひとつひとつ実現させていこうと思うので、生きがいや目標がなくなることはありませんね。

宇野千代さんに100歳計画を学ぶ

『色ざんげ』『おはん』『生きて行く私』などの作品を残した作家の故・宇野千代さん。晩年まで精力的に執筆活動を展開し、亡くなる前年には『私何だか死なないような気がするんですよ』というエッセイを発表しています。

宇野さんは恋多き女性であるとともに、桜を愛した人としても知られています。著書の装丁に桜があしらわれているものも少なくありません。桜好きが高じて、桜をモチーフに着物や小物をデザインした「宇野千代ブランド」を立ち上げてもいます。

宇野さんのエッセイに、薄墨《うすずみ》の桜を見に行ったときのことを書いたものがあります。

かつての岐阜県根尾村、現在の本巣《もとす》市にあるその桜は、「日本三桜」のひとつに数えられる樹齢1500年余の名木で、淡く白っぽい花弁が特徴的です。

桜の華やかさだけでなく、幽玄の世界に咲く花といった荘厳な美しさをたたえているそうです。

この桜をイメージした『淡墨《うすずみ》の桜』という作品も書かれていて、日本各地に桜の名所は数多くありますが、宇野さんは、とりわけこの桜を愛していたようです。

じつは、宇野さんの生き方・考え方が素晴らしいと思うのは、ここから先の話なのです。

90歳を越えての旅だったそうですが、宇野さんはこのとき、桜に向かって「私は100歳になっても元気で、また、この桜を見に来ますよ」と叫んでいるのです。たいていの人は、その年齢だったら「今年でこの桜も見納めかもしれない」と思ってしまうのではないでしょうか。

98歳でこの世を去ったので、100歳で桜を見ることはかなわなかったものの、宇野さんの心意気は見習いたいものですね。

ちなみに、宇野さんは、自分は125歳まで生きると信じていて、100歳の誕生日用の着物を自分でデザインし、あつらえていたそうですよ。

中高年と呼ばれていても、100歳まで、まだ時間があるとしたら、「100歳になったときには私はこうしよう」という目標を立ててみてはどうでしょうか?

100歳なんて、あまりに遠すぎるというのなら、80代なら90歳になったときの、70代なら80歳になったとき自分の姿を思い描くのもいいでしょう。想像するだけで楽しい気分になりませんか?

これからの人生の先に夢や希望、あるいは憧れがあれば、それは大きな楽しみになるはずです。その夢を実現させるために、何かを始める人もいるでしょう。

普段の生活で、食事に気を配ったり、運動を心がけたりするなど、健康に気を配るようになれば、それもまたよしといえるでしょうね。

1時間でできることならすぐ実践です

ある調査で「定年退職後、あなたはどう過ごしたいですか？」という質問に、答えは大きく二つに分かれたそうです。

一つは「半年間しっかり英会話教室に通ってから、アメリカに行って、ミュージカルを徹底的に楽しむ」「東京マラソン出場を目指し、スポーツジムに通い、体力をつける」「写真サークルに入り、趣味の世界を究める」といった具体的なもの。もう一つは「とりあえず半年くらい、のんびり過ごしてから何をするか考える」というもの。さて、あなたはどちらでしょうか？

じつは、前者のように、老後の計画をしっかり立てられる人は気持ちが老化しにくいとされ、心配はいらないでしょう。

しかし、後者のように「とりあえず半年くらい、のんびり過ごしてから」と考えた人は要注意です。というのも、**何もせずダラダラ過ごしているうちに気**

持ちの老化が進み、気がついたときには何をするのも億劫、関心も持てない状態になる可能性が高いからです。

定年退職の翌日からゆっくり過ごしたら、せいぜい1週間がいいところでしょう。ダラダラしているとエンジンのかかりも悪くなってしまいます。まずは「ダラダラ生活」から脱け出してください。

そこで、日々の暮らしでありがちな朝の様子を例としてあげてみます。

まずは朝食後の食器洗いですが、昼食で使った食器と一緒に洗えばいいと考えて、コーヒーカップや皿が流し台に置きっぱなしになっていませんか?

たしかに、まとめて一度に洗うこともできますが、朝食で使った分を洗う時間はせいぜい数分ですから、サッとすませてしまいましょう。

洗濯物がたまっていて、洗濯機を回すか、もう少しまとまってから洗うかと迷ったときも、雨が降っている日はともかく、晴れていたら、さっさと回して干してしまいましょう。大仕事や力仕事ならともかく、さっさとすませられるなら、すぐに片づけることを習慣づけようという話です。

5分ですまそう！

一つの目安として「**1時間以内にできることは、すぐに実践**」です。**1時間でできるのなら、それほど体力も使いませんから、体の負担にはならず、また、集中力が途切れるようなこともない**でしょう。

ポイントは、イヤイヤやるのではなく、作業をゲーム感覚で楽しむこと。たとえば、作業の目標を5分に設定して、4分で終われば「クリア」です。また、15分間でできそうなことなら、新聞を読む間の気分転換としてやってしまうなど、自分なりのルールで楽しんでください。

お風呂はぬるめでゆっくり入る

寝込むほどではないけれども、なんとなく体調がすぐれないという日があります。たまっていた疲れがどっと出たり、無意識のうちにストレスを感じているなど、その原因はいろいろですが、なかには体温が低くなっている人が見受けられます。

ふだんから健康に気をつかっている人でも、毎朝、体温をはかり、きちんと記録しているという人は少ないでしょう。

じつは、**低体温も心身の不調を招く原因のひとつなのです。体温は体内エネルギーが活発かどうかを示すもので、体温が低いということは、生命エネルギーが低くなっていると考えていい**でしょう。また、体温が低い人は、自律神経の働きも鈍っている場合が多いとされています。

年齢が上がってくると、体温は低くなる傾向があります。そうでなくても、冷房や冷たい飲料の取り過ぎなど、現代人は冷え過ぎが指摘されています。平熱が36度以下、手足が冷えている、あまり汗をかかない、顔色が悪い、目の下にクマができている……などの症状があれば、体を温める生活習慣を取り入れましょう。

効果的で、なおかつ負担感を覚えなくてすむのが、お風呂のつかり方にひと工夫することです。

ひとり暮らしだと「入るのは自分だけだから」とか「風呂はけっこう面倒」「風呂掃除だって楽じゃない」など、何かと理由をつけて、シャワーだけですませてしまう人も多いようです。

しかし、**シャワーで熱めのお湯を浴びても、あるいは、多少、長い時間浴びたところで、温まるのは体の表面だけです。一方、ぬるめのお湯にゆっくり長くつかれば、体の芯まで温めることができます。**

日本初の「冷え症外来」を開設したことで知られる渡邉賀子《わたなべかこ》先生の「42度のお湯に10分間つかった場合と、38度のお湯に10分間つかった場合の体温の上がり方と冷め方」という研究データがあります。

その結果を簡単に紹介すると、「42度での体温上昇は0・9度だが、10分後には元の体温。一方、38度では、体温上昇は0・4度だが、20分たっても体温は下がらなかった」そうです。体温を上げるには、低い温度の風呂にゆっくりつかるといいわけです。

「そう言われても、ぬるいお湯だと風呂に入った気がしない」という声が聞こえてきそうですが、いきなり4度下げるのではなく、まずは1度だけ下げてみて、いつもより少しだけ長めにつかるということから始めてみてはいかがでしょうか。

もちろん、長湯はあくまでも手段であり、目的は体を芯から温めることです。15分もお湯につかるのは長いと感じるかもしれませんが、のんびりくつろいで入っていれば、負担に感じることもないでしょう。

風呂上がりの心地よさに病みつきになるかもしれません。

バスタイムがうれしくなる工夫

「リフレッシュしたいから温泉旅行に行きたいと思っても、なかなか休みがとれなくて……。何か代わりになるものはありませんか？」

総合商社に勤める女性から、そんな相談を受けました。

ちょうど知り合いの方から「最近の入浴剤って、いろいろな種類があって面白いですよ。家にいながら温泉旅行気分を味わえるんです。中高年の味方です」と聞いていたので、その話を伝えました。

さまざまな色や香りがそろっているのはもちろん、日本各地の温泉、露天湯、薬湯など、商品棚に並べられたパッケージを眺めているだけでも旅行気分が楽しめるようです。

日本には昔から、5月の端午の節句には菖蒲《しょうぶ》湯につかり、12月の冬至にはゆず湯につかる風習がありました。また、温泉につかって療養する湯治場《とうじば》は各地にあります。お風呂も温泉も、昔から日本人の暮らしと深く関わってきたわけですね。

知り合いの女性からは、ミカンの皮を利用した「自家製入浴剤」を教えてもらいました。作り方は「ミカンの皮を新聞紙の上で天日干ししてカラカラに乾燥させ、それをガーゼに包み、キュッと結ぶ」という簡単さです。

お風呂に入るときに、それを浴槽にポンと放り込めばミカン湯が楽しめます。肌がスベスベになるだけでなく、柑橘《かんきつ》系のいい香りが立ちこめて、リラックス効果は抜群です。

湯冷めして風邪をひきやすい人には、ミカンの皮と一緒にショウガの皮も使うのがおすすめだそうで、ショウガが血行を促進し、冷え性や肩こりを改善してくれます。

ちょっとした工夫で、お風呂がうれしい時間になるでしょう。

快眠のための「ちょいトレ」

年をとると、だんだん眠りが少なくなるようです。はっきりと睡眠障害が出ている場合もありますが、多くの人は、眠れない、眠りが浅いという悩みを抱えがちです。

半年ほど前に「布団に入っても、なかなか眠れないんです」と聞かされていたシニア男性とバッタリ会いました。

「その後、どうですか？」と尋ねたところ、笑顔で「いやぁ、よく眠れるようになりました」とのこと。

話を聞くと、以前は眠れないときは強めのお酒を飲んでベッドに入り、一度は寝つけるものの、夜中にトイレに行きたくなって目が覚めてしまい、そのまま朝までうつらうつら。結局、寝不足だったそうです。

ところが、知り合いから「ながらエクササイズ」を教えてもらい、やってみたところ、よく眠れるようになったといいます。

「ながら……ですか？」

「はい。夜、テレビを見ながら……です。たとえば、ソファに座ったまま背筋をピンと伸ばしてみたり、脚を床から持ち上げてみたり、片足ずつ床と平行になるように持ち上げてみたり、ちょっとだけ体を動かすんです。テレビの画面から目を離さなくてもできます」

なるほど、**ただボーッとテレビを見ているのではなく、ほんのちょっと姿勢を変えるだけでも体はほぐれますし、血行がよくなれば全身が温まりますから、寝つきがよくなる**のももっともですね。

「いいことを覚えましたね」と言うと、「おかげで寝酒の習慣もなくなり、健康そのものです」とうれしそうに話してくれました。

それでも晩酌は欠かさないそうですが、「酒は百薬の長」という言葉もあることですし、それはよしとしましょうか。

さらに、黒柳徹子さんは健康のために毎日スクワットを欠かさないという話を聞いたので、「それなら私も」とチャレンジしたとか。

初めてスクワットに挑んでみると、バランスがとれなかったり、なんとか体は沈められるものの、いざ立ち上がろうとすると、うまくいかなかったりと、最初はかなり大変だったそうです。

「自分には無理かなとも思ったんですけど、テレビで黒柳さんの顔を見ると、『頑張って』って励まされているような気がして」

体の沈め方を浅くしたり、立ち上がるときには何かにつかまったりして、自分なりに工夫しながらあきらめずに続けているうちに、どうやらコツがのみ込めたようです。今では十数回のスクワットができるようになったとか。

すると、さらに夜はぐっすり眠れて、朝はすっきり起きられるようになったそうです。これは黒柳さんのおかげなのでしょう。

「ちょいトレ」を習慣にすると、きっと動くことが楽しくなると思います。

テレビタイムは足湯タイム

眠りに就く前のひとときを、どのように過ごしていますか？

本を読んだり、音楽を聴いたり、お酒を飲んだり、スマホをいじったりと、人それぞれだと思いますが、テレビを見ているという人も多いでしょう。

眠る前に何をしていても、いざ眠ろうとしたとき、心地よく寝つけるのならば問題ありません。

しかし、「なんとなく目がさえて眠れない」とか「眠いのに体がほてっている」という人は、眠る前の時間帯の行動を、ほんの少しだけでも改めたほうがいいかもしれません。

たとえば、音楽を聴いている人は、激しいリズムや、高音が響く楽曲は避けたほうがいいでしょう。

お酒を飲んでいる人に知っておいてほしいのは、アルコールが体内に入れば、当然、分解されて尿意を催すことです。つまり、夜中にトイレに起きることになるので、お酒は適度な量にしておきましょう。

スマホの画面は、視覚に強い刺激を与えるとされていましたが、最近は、さほど悪者扱いされなくなっているようです。ただし、刺激を受けるのは視覚だけでなく、聴覚も、そして脳も、です。まぶしすぎる画面は控えたほうがいいでしょう。

テレビも同様で、おだやかな画像や静かな音楽であれば、別に心配はありません。

「じつは眠る前にいつもテレビを見ている」という知り合いから、「ついでに足湯も」という話を聞きました。

彼は「**こたつで足が温まるといい感じで眠くなるよね。でも、私の部屋にはこたつを置けないから、床にちょっと大きめの洗面器を置いて、足湯をやっているんだ。よく眠れるとわかってさ**」と話してくれました。

そういえば、「こたつは人の眠り箱」という言葉を聞いたこともありますよ。

「やめるリスト」を作ってみる

「気ままなひとり暮らしだから、ストレスとは無縁の生活ができると思っていたのに、なかなかそうもいかないものですね」

数年前から、ひとり暮らしをしている人がつぶやいた言葉です。

「どんな一日を過ごしているのですか?」と尋ねたら、嘆き節でした。

「朝、起きれば、食事のしたくをしなければならないし、食事をすれば食器を洗うことになる。新聞を読んでいても、掃除や洗濯のことが気になり、そうこうするうちにお昼ご飯の時間。ちょっとテレビのワイドショーを見ているともう夕方で、あら、買い物に行かなくちゃでしょう? 夕飯のしたくをしながらお風呂を沸かして、気がつけば、好きなことのひとつもできないまま一日が終わってしまう。そんな毎日なんですよ」

一見、充実した毎日のようにも思えますが、食事にしても、一日3食、

365日、何を作るかとなると、どんなに料理好きな人でもストレスと化すのかもしれません。

「育児ストレス」という言葉もありますが「家事」にしても、やはりストレスの元になるのでしょう。

日常生活でストレスを感じている人は、それを書き出しておき、その解消法をひとつひとつ考えてみてはどうでしょう。

たとえば「食事を食べるのはいいけれど、作るのはストレス」なら、「たまには外食する」「お弁当やお総菜を買ってくる」という解消法が考えられます。「掃除・洗濯が面倒」ならば、まったくしないわけにはいきませんが、「掃除も洗濯も週に3回」などと決めてしまうのです。もちろん、部屋が散らかっていたり、濡れた洗濯物があったりすれば「今日はおまけ」と気楽に片づけてしまいます。

そもそも「あれもこれもやらなきゃ」と考えていたことをやらずにいると、「これじゃダメだ」と思って、それがストレスになります。

「今、やらなくてもかまわない」「今日でなくても大丈夫」と考えれば、体の負担だけでなく、心の負担も軽くなるはずです。

やることを減らして生まれた時間には、自分の考えるストレス解消法を書き出してみましょう。おそらく「これまでできなかった好きなこと」が並ぶのではないでしょうか。

たとえば「気になっていた本を読む」「話題の映画を見る」「ひとりカラオケにチャレンジする」「テレビの紀行番組で見た景色をこの目で見に行く」「長年つき合いのある友だちと温泉旅行」など、いくつも思い浮かぶはず。それをひとつずつ実現させていけばいいのです。

現役時代には「やるべきこと」を優先してきた人も、シニアになったら、しかも、自由気ままなひとり暮らしなら「やりたいことをやって楽しい時間を過ごす」を大切にしてほしいと思います。

それこそが「今、やるべきこと」ではありませんか。

「書くだけ」ストレス解消法

「私は紙と鉛筆があれば、日常生活でのストレスがたまりませんよ」と話してくれたのは、70歳を越えた元気な女性です。

「何かいい方法があるのですか?」と尋ねると、「イヤなことは紙に書いて、それをビリビリ破って捨ててしまうんです」とか。

たとえば「車を運転していたら、赤信号なのに強引に入ってきた車があった。私は安全運転を心がけよう」と帰宅してから書いて、それを破いて捨てるのだそうです。

「こうすれば、その場でクラクションを鳴らしてトラブルになることもありませんからね」

なるほど、賢明な策です。

ほかにも「右側の歩道を歩いていたのに、後ろから来た自転車にベルを鳴らされた。あわててよけたが、あの青年は自転車が車道を走るというルールを知らないらしい。しかもイヤホンをしていた。うちの孫には、自転車の正しい乗り方を教えてやろう」など、ただ文句を書くだけではなく、思いついたことも書いているそうです。

「日々の暮らしで、イラッとすることは少なくありませんが、それに対して、いちいちリアクションしていたら、面倒なことになりかねないし、だいたい時間の無駄です。先も短いことですし、楽しい時間を大切にしたいですからね。ほら『柳に風』という言葉があるでしょ。この年になると、そんな心境になれるんですよ」

ご自分では年のことを言っていますが、どうしてどうして矍鑠《かくしゃく》とした姿です。その様子から、「そういえば、柳に雪折れ無し」という言葉もあったなと思ったのでした。どうですか、お金をかけないストレス解消法ですね。

ひとり暮らしで自分を見つめる

「ご家族は？」と聞かれて「ひとり暮らしです」と答えると、「それはさびしいですね」とか「なんだか心細いでしょう」と同情されてしまうことはないでしょうか？

「そう言われるのって、とっても不思議。ひとり暮らしは気楽だし、けっこう快適なのに……」

なんとも理解しがたいという表情で、そう語ったのは、もうすぐ傘寿を迎える女性です。

どうやら、**多くの日本人が「ひとり暮らしはさびしい。家族に囲まれた生活が理想だ」と思い込んでいる**ようです。

たしかに、家族や友だちに囲まれた賑やかな空間や時間は楽しいもの。でも、そういった時間と同じくらい、ひとりだけの空間や時間も、長い人生では大切だと思うのです。

とくにシニア期に足を踏み入れたら、ときにはひとりになり、自分自身と向き合ったり、自問自答したり、これまでの人生や、これから先、まだまだ続く人生を心静かに考える時間を持つことは大事です。

いつもまわりに人がいて、その人たちと調子を合わせることに慣れてしまうと、本当の自分を見失いがちになります。

堀田善衛《ほったよしえ》の『広場の孤独』という文学作品がありますが、もしも、まわりの人にたくさん囲まれながら「誰も私に関心を持ってくれない」「誰も私を理解してくれないようだ」と感じることがあったとすれば、そんなときほど、かえって孤独感が深まるでしょう。

逆に、あえてひとりの時間をつくることによって、まわりの人の存在をありがたく思ったり、ひとりでいる心地よさをかみしめたりすることができるのではないでしょうか。

ひとりに慣れていると、原則的に人に依存しないので、まわりの人にいちいち振り回されたりしなくなります。

心身ともにひとりで凜《りん》として過ごすことができる。でも、友だちや仲間とも和気あいあいと過ごせる。

その両方ができてこそ、初めて本当に自分らしい生き方が身についていくのではないでしょうか。そして、それができる人こそ「本物の大人の人間」と呼べるような気がします。

哲学者のニーチェは「孤独を味わうことで人は自分に厳しく、他人にやさしくなれる。いずれにしても、孤独は人格を磨いてくれる」という言葉を残しています。

「孤高」という言葉もあります。ひとり暮らしで、さびしいと感じている人は、今の生活が人格を磨いてくれるのだと考えれば、明るい気持ちになり、力が湧いてくるのではないでしょうか。

5分間の瞑想で心を落ち着ける

「瞑想《めいそう》」という言葉から何を連想するでしょう？　僧侶が修行する様子やヨガの行者の姿、あるいは思想家や哲学者の沈思黙考でしょうか。

アメリカでは「マインドフルネス」という新しいスタイルのヨガが登場し、ビジネスパーソンやインテリ層の間で評判になり、徐々に全米へと広まりました。その後、日本にも伝わり、大都市を中心に、いくつかのヨガジムがオープンするほど、人気を集めたようです。

瞑想法のひとつなのですが、多くの人に受け入れられたのは、難しい理屈や厳しい修行がなく、心の平安や安定が得られるから。ヨガの「いいとこ取り」が受けたためでしょう。

年をとると、思いどおりにならないことも少なくありません。スマホやパソコンの操作にしても、スーパー、コンビニのセルフレジにしても、街中や駅の自動販売機にしても、これまでのようにいかないコトやモノが増えていきます。

イライラしたり、あきらめざるを得なかったりするケースが重なれば、ストレスになるのはいうまでもありません。ときには、瞑想で心を落ち着かせてストレスから解放されたいものです。

無理やり落ち着こうとするのではなく、ちょっと気分転換を楽しもうといった軽い気持ちで試してください。

まず、座ったまま10回ほど深呼吸をします。息を吐くときはゆっくり、吐ききったら2～3秒間息を止めてから、おなかいっぱいに息を吸います。

次に、体の力を抜いて何も考えないようにします。「考えないようにと言われると、つい、あれこれ考えてしまう」というなら、ただ、ぼんやりした気分でいればいいでしょう。

最後に、深呼吸を3回。時間にして5分程度ですが、これだけで気持ちはずいぶん落ち着くはずです。

もちろん、瞑想でパソコンやスマホの操作ができるようになるわけではありません。しかし、少なくとも冷静になるはずですから、気を取り直して再びチャレンジしてもいいですし、ショップへ行って店員さんに話を聞いたり、サポートセンターに連絡してアドバイスを受けたりするなど、解決の糸口を探す方法はいくつもあります。

時間に余裕がある人は、5分といわず、瞑想を15分くらい続けてみるといいでしょう。

最近の研究で、瞑想には、ストレス性胃腸炎や頭痛、高血圧、不安障害などの精神障害、あるいは、うつ病や自律神経失調症などに改善効果があるとわかってきました。

万病に効くわけではありませんが、少なくとも瞑想は、脳に休息を与えてくれるとはいえそうです。さらに、瞑想には記憶力を向上させる効果もあるのがわかっていて、シニアにとってはうれしい話です。

家の中に自分だけのパワースポットをつくる

「5分も瞑想なんてしていられない」という人には、数十秒で気分を一気に変える秘策を紹介しましょう。それは「家の中に、自分だけのパワースポットをつくっておく」という方法です。

日々の生活空間である家の中には、必要なものがすべてそろっていて、何の不自由もないかわりに、見ようと思わなくても、いろいろな物が目に入りますね。

そこで、**書斎の一角でもいいし、キッチンの隅や納戸、あるいはちょっとした収納スペースがあれば、そこに「壁以外は何も見えない空間」をつくってしまうのです。できれば、静かなところに設けたほうがいい**でしょう。

「何もない壁なんて……達磨大師でもあるまいし」と思った人は、自分の気持ちを落ち着かせてくれる風景写真を飾ってもいいですし、お気に入りの絵画、あるいは、いわゆる「推《お》し」のポスターを貼ってもいいでしょう。信心深い人なら、神社のお札を貼るのも一法です。

そして、**その場所を自分のパワースポットと決め、イヤなことがあったら、その空間に身を置きます。**

周囲の雑音が気になるようなら、ヘッドホンでヒーリング音楽を聴いてもいいし、耳栓をしてしまうという手段もあります。いわば「心の避難場所」とも呼べる空間です。

「家の中に、そんなスペースはない」という人でも、目をつむって、耳をふさげば、周囲と隔絶した空間に身を置くのと同じですから、あとは気持ちの問題です。

極端なことをいえば、いつでも、どこにいても、あなただけのパワースポットが心の中にあると考えるとうれしいでしょう。

「幸せくらべ」で疲れない

「隣の芝生は青く見える」とはよく言ったもので、誰にでも羨望や嫉妬心があります。 若い頃は、そうした気持ちが「自分を高めよう」「もっと頑張ろう」とヤル気になっていたかもしれません。

ところが、年を重ねるとともに、成功した人を見れば「あの人はいいなぁ。きっと運がいいんだろうなぁ」と思ったり、容姿端麗の人がいれば「おそらく中身はないのに、見た目だけで生きてきたんだろう」などと、やっかんでしまったりすることも。

しかし、**人生を締めくくる時期を迎えたら、他人とくらべることにはまったく意味がないと悟ってください。** 逆に「他人の不幸は蜜の味」という考えからも、距離を置きたいものです。

スリランカの仏教家・アルボムッレ・スマナサーラはこう話しています。

「人の幸せを自分とくらべる。自分の不幸を人とくらべる。過去の幸せと今をくらべる。将来の幸せと今をくらべる。理想の幸せと現実をくらべる……すると不幸な気持ちになってしまうことが多いのである」

「他人は他人、自分は自分」です。あなたも自分なりに精いっぱい、頑張って、今日まで生きてきたのです。

そんな自分を、自分なりに受け入れ、認めていれば、他人の成功や幸せを気持ちよく認められるはずで、「自分はみじめだ、不幸だ」など考えることはないでしょう。

生きてるだけで丸もうけ

年を重ねると、「この先、何を生きがいにすればいいのだろう」という思いは誰もが感じることです。

そして、「生きがいを持たなければ！」とか、「もっと楽しまなければいけない」と、自分を追い詰めてしまう人もいるのです。

あなたは「生きがい」や「楽しい人生」という言葉にどんなイメージを抱くでしょう。たくさんの人に期待されて活躍する自分なのか、それとも旅行や趣味を存分に楽しむ優雅な自分なのか、あるいは、孫や子どもに囲まれた団らんの時間でしょうか？

私は「生きがい」や「楽しい人生」というのは、もっと身近ですぐ手の届くところにあるものだと考えています。なぜなら、誰もが簡単に手に入れられないものなら、世の中、不幸な人だらけになってしまうからです。

「毎日がマンネリだ」「生活が楽ではない」と文句を言いながらも、それなりに平穏な生活を送っている人はたくさんいますね。その日の食べ物や住むところにも事欠いている人というのは、ほとんどいないでしょう。

生きがいとは、生きるに値するもの。生きていく張り合いや喜びといった意味の言葉です。

生きるのがつらくてたまらないとか、早く死んでしまいたいといった思いを日々抱えている人は別として、ごく普通に生活している人は、十分に「生きがい」を持って生活しているのではないでしょうか。

ところが、メディアから「生きがい」という言葉がやたらに発信されるので、無意識に、「もっと生きがいを持たなければいけない」「もっと人生は楽しめるんじゃないのか」と、あせってしまうわけです。

人間にとって基本的に必要なのは「衣食住」。「食う寝るところに住むところ」があれば、それほど心配などいりません。

第5章

「ひとり老後」が輝き出す考え方

「なんくるないさ」を見習う

ちょっとしたミスなのに何度も何度もお詫びを言い、ときには落ち込んで立ち直れなくなる人がいます。一方で、同じ失敗を何度も繰り返したり、他人に迷惑をかけ続けても平気な人もいて、世の中は本当に不思議なものです。

失敗したときに反省は必要ですが、それにとらわれすぎると、先へ進めなくなってしまうでしょう。そこで立ち止まるよりも、取り返せばいいと前向きに考えるほうがいいと思いませんか？

さて、沖縄には「なんくるないさ」という言葉があります。わかりやすくいえば「なんとかなるさ」という意味です。失敗したり困ったことがあっても、「これくらい平気だ」と自分自身に言い聞かせて、また最初の一歩から始めるという前向きな気持ちの言葉です。

もちろん、家族や友だちが不安をかかえていたり、窮地に追い込まれたりしたときに励ます言葉としても使われています。「たいしたことないから心配するな」「大丈夫だから元気を出していこう」といった肯定的なニュアンスも含んでいるのです。

沖縄といえば、時間の感覚が比較的のんびりしていて「沖縄時間」という名まであるくらい。大都市の分単位、秒刻みの生活とは違う暮らしが営まれているためかもしれません。

そして、澄みきった空のもと、青い海に囲まれ、おだやかな気候という豊かな自然に恵まれれば、日々のちょっとしたトラブルなんて取るに足らない問題と思えてくるのでしょう。

若い人には反省する時間がたっぷりありますから、しっかり反省するのも大切でしょう。しかし、シニアにとっては、失敗を引きずって長く後悔しているのは、いわば人生のロスです。

「なんくるないさ」の精神で気持ちを切り替え、その先へと進むことを考えれば明るく前向きになるはずです。

自分に都合のいいように考える

わがままで好き勝手な言動は周囲にとって迷惑ですが、「頭の中で自分本位に考える」のは、他人に不快な思いをさせることなく、自分が気持ちよくなれる手立てのひとつだと私は思います。

長年、家族や会社のために頑張ってきた人が、年を重ねて、人生の締めくくりの時期にいるとしたら、そこから先は、自分本位の考え方や生き方を楽しんでいいのではないでしょうか。

たとえば、定年退職してのんびりできると思ったのに、何だかんだと雑用があり、なかなかゆっくりできない……と愚痴る前に、「やることが何もないのは、かえってつらいものらしい。忙しいのはうれしいことだ」と考えてみればいいでしょう。

俳優の夏木マリさんは、60歳を過ぎた頃、仕事から帰ると「疲れた、疲れた」を連発していたそうです。

ところが、それを聞いた家族から、「疲れた疲れたと言うけれど、忙しいのはありがたいことなんだよ」と諭されたそうです。

それ以来、夏木さんは考え方を変えたといいます。

「どんなに疲れているときも『疲れた』と言わないようにしたの。半分、意地になって『ありがたい。ありがたい』って言うようにしていたんですよ。そうしたら、何だか素敵なことにいっぱい出合えて……。本当にありがたいと感謝しています」

夏木さんは、古希《こき》を越えた現在も大活躍の日々です。

反対に、ヒマでヒマでしょうがないとしても、「何もすることがなく、時間を持てあましているから、趣味の囲碁でも楽しむとするか。そういえば、駅前でポスターを見かけた囲碁倶楽部の様子でも見てこようかな」と考えれば、長年、描いてきた趣味ざんまいの生活を始めることができます。

持っている服は流行遅れのものばかり……と嘆くより、「今どきのアイテムをひとつアクセントにすれば、おしゃれに見えるかも」と、ちょっとした工夫を加えて、ワクワクしてもいいでしょう。

年を重ねれば、若いときよりも食事の量が少なくなるのは当たり前ですから、「この先は量より質の食事を楽しもう」と考えればいいのです。なにしろ「ひとり暮らし」ですから、家族に迷惑をかけることもありません。誰かに遠慮したり、気をつかったりする必要はなく、自分の思うままの日々を過ごせるのです。

100歳以上の人を対象とした調査で、大多数の人が「今が一番幸せ」「不安なことは何もない」と思っていたそうです。そんな100歳を迎えるためにも、まずは「今が楽しい」と、とにかく自分に都合よく考える習慣をつけたいものです。

ひたすら貯金よりも、「今が楽しい」が一番

将来の不安を恐れるあまり、充実した現在を過ごせない人がいるようです。後先のことをまったく考えずに「今さえよければいい」というのでは困りますが、お金の使い方にしても、ある意味で「自分本位」が大切なのではないでしょうか。

たとえば、メディアで「安心な老後のためには少なくとも2000万円は必要」という話が伝えられたことがありました。その影響もあってか、老後を支えるだけの預貯金がないと嘆いている人は少なくありません。

しかし、実際にそれだけの蓄えのある人は、どれだけいるのでしょうか。しかも、実際は「そんなになくても老後は送れる」と、たくさんの専門家が話しています。

必死に節約して2000万円を貯《た》めようとして、おいしいものを食べずに我

慢、長年の趣味やささやかな娯楽をあきらめて、行きたい旅行にも行かず、友だちづき合いを減らし、あちこちに不義理をする……。このように、好きなこともせず、楽しい時間も過ごさないまま、ただひたすら貯金という生活で、はたして幸せだといえるのでしょうか？

老後に備えて、お金はあるに越したことはありませんが、明けても暮れても「老後の蓄えが足りない、足りない」と思いつめて倹約ばかりの毎日では、さすがにつらすぎるでしょう。

「今はこれを楽しもう」というものがなければ、生きているかいはありません。贅沢や浪費は控えるとしても、「先のことはわからない。まずは今日を充実させよう」と考えて行動してこそ、明るい明日がくるのではないでしょうか。

将来の不安におののくよりも、今日という日を素晴らしい一日にして、楽しい明日を迎えるほうが大切なはず。なんといっても、遠い先のことなど、誰にもわからないのですから。

やりたいことにはパッと取り組む

数々のメディアで「世界最高齢のゲームアプリ開発者」としてとりあげられたのが若宮正子《まさこ》さん。パソコンを始めたのは60代に入ってからで、その後、プログラミングを初歩から学び、とうとうシニアを意識したアプリを開発したそうです。「60歳を過ぎると、人生はどんどん面白くなります」というコメントにはおそれいるばかりです。

誰にでもアプリが開発できるわけではありませんが、少なくとも自分が取り組みたいと思ったものがあれば、それを実現させるのは不可能ではないと教えられた気がします。若宮さんを支えたのは、ご自身の好奇心とバイタリティーという話で、まさに開発者らしい言葉です。

人は、何歳になっても夢や希望を持てるもので、それを実現できるかどうかは本人次第。あるいは、いくつになっても目標を設定し、それに向かって邁進《まいしん》することは可能です。

もしも**他人から「いい年をして」と言われたとしても、その人の夢や希望、目標は誰のものでもなく本人のもの。周囲に心配や迷惑をかけなければ、胸を張って取り組めばいい**のです。

若い頃から鉄道ファンで、還暦を迎えた男性がいます。

「さすがにJRの全線完乗《かんじょう》は夢ですが、まずは関東エリアの路線から乗りつぶしていくことを目標にしました。この年にして『乗り鉄』デビューです。希望としては、10年先まで健康でいることで、そのときまでに、どれくらいの路線を制覇できているかが楽しみです。さいわい『青春18きっぷ』という安くて強い味方もありますし。名前からすると若者向けのようですが、じつは、還暦を過ぎていても利用できる『きっぷ』なんですよ」

そう語る顔は、とても若々しく見えました。

新しいことにチャレンジしてみる

人生には、思いもかけない〝急展開〟があります。

「定年後は夫婦で海外旅行をしたい」と、楽しみにしていた女性がいました。ところが、ご主人にがんが見つかり、それから一年後にはご主人が亡くなってひとり身になってしまいました。

子どももいなかったため、その後は心細さとさびしさをつのらせながらひとりで過ごす毎日。そんな彼女を心配した友人が、近くの水泳教室に誘ってくれたのです。出費といっても、プールの使用料程度です。

とはいえ、彼女は水に顔を浸けることもできないほどのカナヅチでした。そこで、友人は〝水中ウオーキング〟をすすめて、「水の中を歩くと全身に負荷がかかるから、きっとやせるわよ」と、シニア女性の心を動かす一言をささやいたそうです。

さて、プールに行ってみると、隣のコースでは、自分より年上の人たちが上手に泳いでいます。驚いていると、ウオーキングコーチから「泳げない人間はいないんですよ」と声をかけられました。

さらに、「人間には浮力がある。沈んでしまうのは、体が緊張してこわばり、余計な力が入ってしまうから」という言葉もストーンと腑に落ち、すぐにスイミングのレッスンも受けることになったのです。

レッスンの初日、コーチから「何も考えず、自分を信頼して、水の上に仰向けになってみましょう」と言われ、ドキドキしながらやってみると、なんと体が浮いています。

続いて、「足でボールを蹴るようにして、水を蹴ってみましょう」と言われ、そのとおりにすると、ちゃんと前に進んでいるではありませんか！

こうして、**たった一日で背泳ぎができるようになった彼女は、カナヅチだった自分が泳げるようになったことに大感激しました。すっかり水泳にハマった**わけです。

その後、週に3回は練習に通ううちに、自分でも驚くほど記録が伸びていき、あるとき、「マスターズ水泳大会に出てみないか?」とすすめられたのでした。

この大会は、年齢区分別(5歳ごと)に競い合う水泳大会で、80歳、そして90歳の選手もいます。

現在、**彼女は記録と順位を目標に練習を続けていますが、何より、何歳になっても新しいことにチャレンジできることを知り、毎日がより一層充実している**そうです。

夢へのリベンジに挑戦

精密機械のエンジニアとして会社勤めを終えたYさんは、退職後に挑戦したい計画がありました。学生時代に道半ばとなってしまった中山道《なかせんどう》の踏破です。

若かりし頃の彼は理系の大学生でしたが、日本史、とりわけ江戸時代の歴史に興味があったことに加え、旅好きだったそうです。

ある年の夏休み、彼は日本橋（東京都中央区）から草津（滋賀県草津市）までの中山道を歩くことを決意、実行します。

「どうして東海道ではなく中山道だったのですか？」と尋ねると、「私の故郷が諏訪なので、どうしても、踏破コースに組み入れたかったものですから」とのこと。

ところが、準備不足がたたり、群馬県の松井田宿まではたどり着いたものの、碓氷《うすい》峠を越えられずに、あえなく撤退しました。

「若いから何とかなると思っていたのが間違いでした。甘く見ていましたね」

就職後、仕事にひたすら打ち込んでいる間は、再チャレンジの機会はありませんでしたが、退職を半年後に控え「中山道を歩きたい」という思いが込み上げてきたそうです。

「まずはウオーキングから始めました。今度は準備万端で挑戦しようと」

還暦を過ぎての挑戦に、周囲からは心配の声も上がりましたが、「ダメならダメで、一気に踏破しなくても、途切れ途切れで歩きますよ」とYさん。なるほど、数回に分けて歩くというのも作戦のひとつでしょう。

その後、久しぶりに会ったときに結果を聞くと、踏破して、40年前のリベンジを果たしたそうです。

「無理のないプランを立てていたおかげで、なんとか一気に歩きとおせました。それにしても、江戸時代の人は健脚だったなというのが感想です」

コツコツと積み重ねてかなえる目標もあれば、一気呵成《いっきかせい》にやりとげる夢もあるでしょう。いずれにしても、自分自身が前に向かって進んでいくだけなのです。

「老いるショック」を笑い飛ばそう

「探し物をしているうちに何を探していたのかわからなくなった」

「平らな道を歩いていたのに、つまずいて転びそうになった」

「バッタリ会った相手の名前を思い出せない」

そんなことが一度や二度ではなく、何度も重なると「自分も年をとったなぁ」と、ガッカリするかもしれません。1970年代に二度にわたり世界中で起こったオイル・ショック（石油危機）になぞらえ、漫画家でイラストレーターのみうらじゅんさんが生んだ「老いるショック」という新語もあるほどです。

しかし、先の例でいえば、探し物が見つからなくても不便でなければ、転んでけがをしなければ、相手と挨拶してからちょっとした世間話を交わせれば……それぞれ心配するほどのことなどありません。少なくとも命に別状はないはずですから、やりすごしてしまえばいいのです。

オイル・ショック当時、ガソリンや灯油が高くなり、商業施設の営業時間短縮、テレビの深夜放送の休止、大規模節電などが呼びかけられ、生活に影響が出ました。街からトイレット・ペーパーがなくなるという噂が広がり、あわてて店頭に押しかけるパニックになったことを覚えている人もいるでしょう。

数年前に、新型コロナ・ウイルスで、市場からマスクが消えたことも記憶に新しいでしょう。しかし、喉元すぎればなんとやらで、そうしたパニックや混乱も、しばらくすれば落ち着きを取り戻します。

「老いるショック」にしても、そのときはあせったり、あわてたりするかもしれませんが、冷静に考えれば、探し物だって見つかるものです。

つまずいたのは、年をとったからではなく、たまたま小さな段差があったのかもしれませんし、思い起こせば、子どもの頃に足を滑らせて、しょっちゅう転んでいたのではありませんか? 大人になってからも、考えごとをしていて、つまずいて転びそうになった経験が、まったくなかったわけでもないでしょう。

相手の名前にしても、しばらくたってから、「あ、○○さんだった」と思い出すケースもあるはず。それならば、ショックを受ける必要はなく、「たまたま、そうなった」くらいに気楽に考えたほうがいいでしょう。ましてや気に病んで落ち込むなんて、時間の無駄ではありませんか？

老いは、生きとし生けるものすべての宿命で、自然の摂理以外の何ものでもありません。長生きしているからこそ老いを実感できるのですから、誇らしく思っていいほどです。「老いるショック」なんて、笑い飛ばしてしまいましょう。

おしゃれは心の活性剤です

「ひとり暮らしだし、もうある程度の年齢だから、おしゃれとはもう無縁」と考えているなら、それはもったいない話です。

思いきり着飾りましょうとはいいませんが、新しい服が必要になったときは、今どきの流行にも、ちょっとだけ目を向けてみませんか？

「へぇ～。最近はこんなデザインがはやっているの？」「あら、今年はこんな色使いが人気なのね」などと「発見や気づき」があれば、年を重ねても、みずみずしい感性を磨くのに役立つからです。そして、新しい服を一枚でも手に入れれば、心が浮き立つはずです。

あまりファッションに興味がなくても、また自分のスタイルは確立されているという人も、スルーしてしまうのは惜しい話です。

また、今さら新しい服なんて買わなくても十分に間に合うという人も、たまにはクローゼットを開けてみてください。**とくに、ほぼ毎日、似たり寄ったりの服で過ごしている人には、閉じっぱなしのクローゼットを開けてほしい**ものです。

出てきた服を見て、たとえば、このコートはもう流行遅れかもしれないと思っても、アレンジひとつでよみがえることもあります。流行というのは、何年かして戻ってくることもあるので、「案外イケてる」と楽しめるかもしれません。

引き出しを開ければ、スカーフや手袋など、実用性の高いものがしまったままになっていませんか？　いずれにしても、クローゼットや引き出しにしまったままでは、まさに「タンスのこやし」以外の何ものでもなく、品物にとってもかわいそうです。

そもそも**ファッションのスタイルは、自己表現のひとつです。新しいものを取り入れたり、昔の服を大いに活用しながら、おしゃれを楽しんでください。**

不安は「頼るリスト」で解消する

衣食住や人間関係に何のトラブルもない暮らしを送っているように見える人でも、何らかの不安や悩みはあるでしょう。

たとえば、持病を抱えていて、いつ発作が起こるか不安だとか、このところ車の運転に自信が持てなくなってきたとか、病気で病院に入院している子どものことが気がかりだなど、誰にでも一つや二つ、心に引っかかるものがあるものです。

しかし、ひとり暮らしの生活が成り立っているのなら、それを維持するのが最優先課題で、よけいなことはあまり考えないようにしましょう。すぐに解決すべき問題が起きているのならともかく、そうでなければ、あるかどうかわからない「もしも」に心を惑わされることはありません。

「杞憂《きゆう》」という言葉があります。「杞の国のある人が、天が崩れ落ちてこないだろうかと心配した」という中国の故事に由来する言葉で、心配しなくてもいいことを心配することです。

「私は心配性で、あれこれ気になって仕方がない」という人は、不安に思っていることを、ひととおり書き出してみましょう。

たとえば「持病の腎臓病が悪化していくのが不安。人工透析になるのだろうか」「車を運転していて、ヒヤッとしたことが重なった。いつまで運転できるだろうか」「目がかすんでハッキリ見えないことがある。もしかしたら失明してしまうのか」など、心配ごとのリストを作るわけです。

次に、その対策と解決法を客観的に考えます。

「腎臓病は定期検査を欠かさず受ける。ドクターの説明をきちんと聞く」

「車の運転は安全第一を心がける。外出するときはできるだけ公共交通機関を利用する」

「眼科の診察を受ける。緑内障や白内障の検査をして、必要なら手術を受ける」などなど。

そして、ひとつずつ実行していきます。

リストアップした項目には、自分で解決できないものもあるでしょう。たとえば、病気については病院頼みになるのは当然です。

もし「かかりつけの病院はあるけれど、診察してもらうとしたら別の診療科のような気がする」という場合なら、まずは、かかりつけ医に相談してみましょう。

そのドクターが内科の専門医だったとしても、「こんな症状があるんですけど、どこの病院の何科で診てもらえばいいでしょうか？」と尋ねれば、信頼できる病院やドクターを紹介してもらえるはずです。

ひとりでグズグズ悩んでいたところで問題は解決しませんし、それに、すべて自分で解決する必要などありません。誰かを頼るのも、ひとり暮らしの特権と考えましょう。

おひとりさまを満喫する「あの手・この手」

ひとり暮らしの65歳の男性から、「家にいても退屈だから、ちょっと出かけてみようと思ったものの、さて、どこに行けば楽しめるのだろうと、行先に困ってしまいまして……」と相談を受けたことがあります。

そのとき、ひとり暮らし歴20年の方から聞いた興味深い話を思い出しました。彼によれば、その日の気分と懐具合で、ふらりと出かけるのだそうです。

お金をあまり使いたくない日なら、たとえば歩いて行ける図書館へ。家にいても本は読めますが、テレビもラジオもＤＶＤもあると、つい、そちらに気がいってしまうそうで「よし、今日は本を読もう」と思ったら、朝から図書館に向かい、お目当ての本を借りて閲覧スペースでじっくり読むそうです。

ここまでは普通でしょうが、お昼近くになっておなかが空いたら、図書館の近くにある店で定食やラーメンを食べ、ひと休みしてから再度、図書館へ。こうして「今日は一日、読書ざんまい」を楽しむといいます。

「お目当ての本がなくても心配ありませんよ。本は棚に、いくらでも並んでいるから、選《よ》り取り見取り」とのこと。そして、その日にかかるお金は昼食代だけだそうです。

また、交通費はかかるものの、社会勉強にもなるのが裁判の傍聴。

世の中には、メディアでとりあげられることのないさまざまな事件が起きていて、裁判を傍聴していると、いろいろな人間模様が見えるのだとか。

「ときにはドラマよりもドラマチックな場面を目にしたり、事実は小説よりも奇なりとは、よくいったものですね」

外飲みを楽しみたいが、予算は少しだけというときは、俗に「センベロ」と呼ばれる大衆酒場ののれんをくぐるそうです。

「さすがに、1000円でベロベロになるまで酔うことはありませんが、お酒と、ちょいと気の利いたつまみがあれば、それで十分。料理を注文したら、あっという間に出てくるのも魅力です」

そういえば、いわゆるアクティブ・シニアの女性から聞いた話があります。

「若い頃は、ラーメン屋さんとか牛丼屋さんに、ひとりで入るのはためらいがあったけれど、この年になると、抵抗なく入れるようになりました」

お店のほうも女性客を意識してか、ひとまわり小さいサイズのメニューも設けられているそうです。

「最近は、回転寿司にはまっています。出てくるお寿司のサイズも、お値段も手頃で、こんなことなら、若いときから入っていればよかったと思います。でも、大丈夫。これから、その分を取り返すことにします」

この人は「平日の昼間に、ひとりで水族館に行くのも好き」といいます。

「土日は2人連れや家族連れが多くて、静かにゆっくり見るのはなかなか難しいでしょ。でも、平日の昼間はわりと空いていて、間違いなく癒されますよ」

ほかにも、プラネタリウムも平日の昼間が穴場とか、映画はシニア割を利用するなど、いろいろと役立つ情報を得ました。こうした話を聞くと、「おひとりさまの達人」という気がしますね。

人間関係に心地よい空間をつくる

「空間」の大切さは、自分の身のまわりだけではありません。人間関係でも同じです。

たとえば、私の学生時代からの友人は、長いつき合いを重ねてお互いをわかり合っているため、何でも言えたり、聞いてもらえたりします。損得抜きの話もできるでしょう。しかし、中高年になってからの知人の中には、距離を保ってつき合ったほうが、お互いのためにいいという相手がいるかもしれません。

年齢を重ねた人は、それぞれに自分の世界を持っています。そして、他人には立ち入ってほしくない部分もあります。ところが、親しくなったことをアピールしたいのか、ただのお節介なのか、他人の領分にまで口を出したがる人がいます。悪気はないのかもしれませんが、それだけに始末が悪いのです。

アパートを借りて、ひとり暮らしを始めた女性の話です。ご近所に挨拶してまわったときに、ある女性から、「どんな仕事をしていたの？」「だんなさんはどんな人だった？」「お子さんはどこに住んでいるの？」など、あれこれと質問をされて戸惑ったそうです。

「適当に返事をしておいたのですが、失礼だったかしら」と不安そうにしていたので、「大丈夫ですよ。初対面の相手に根掘り葉掘り尋ねるほうが、よっぽど失礼ですよ」と話しました。

普通の人なら、はっきりしない答え方をすれば、「あまり詳しい話は聞かれたくないらしい」と気づくものですが、なかには、遠慮のない人もいます。

そんなときは「今から出かけますので……」と逃げるにかぎります。もしかしたら「あら、どちらへ？」と食い下がるかもしれませんが「ちょっとそこまで」と、やはりいい加減に答えておけばいいのです。

いずれにしても、**そういう人とは、ある程度の距離をおいたほうが賢明**でしょう。逆に「他人に対するよけいな詮索は人間関係のトラブルのもと」と自分自身にも言い聞かせておきましょう。

プライドにこだわらなければ、もっと自由です

ある小説に、主人公が退職後も「自分は大手企業の役員だった」というプライドが捨てきれず、偉そうな態度で周囲の反感を買ってしまうという話が出てきます。これと同じような人は、想像以上に多いようです。

今まで培ってきた経験や技術を周囲に伝えるというのは、とてもよいことですが、わざわざプライドをひけらかすというのはいただけません。

たとえば、地域のイベントやボランティアに誘われたときなどです。新しい人間関係のためには、こうしたものに積極的に参加するといいのですが、かつてのプライドが捨てきれないと、「彼らとは格が違うから」とか「なぜ、私がタダ働きをしなければならないのか」などと考えます。なかには、それを口に出す人もいるようです。

こんな理由で誘いを拒絶するのは好ましくありません。せっかく差し出され

た手を振り払ってしまったら、次の誘いはなかなかないでしょう。

いざというときに力になってくれる人がいないのは、孤独力が高いというより、もはや単なる「孤独な老人」です。

邪魔なプライドなど捨てて、「来る者は拒《こば》まず」の精神で、誘われたイベントに出かけてほしいものです。

あなたは、プライドの正体を知っていますか？

プライドの高い人は「プライド＝崇高なもの」と思い込んでいることが多いようですが、心理学的にみると、じつは間違い。プライドが高すぎる人は、自分に自信がなく、不安を感じています。

比較的に、プライドの高い人は「自慢話が好き」という印象があると思います。これも、自分に自信がないために、自らの強さを強調することで、自分自身を守ろうとする反応です。「弱い犬ほどよく吠える」とよく言いますが、まさにこれなのです。

「私はプライドが高いから……」とか「なかなかプライドを捨てられない」と

いう人は、じつは弱い人間なのかもしれません。

それがわかったら、つまらないプライドなんかにはこだわらなくなるのではないでしょうか。

イラスト　山麦まくら
ブックデザイン　喜來詩織（エントツ）
校正　石井三夫
編集協力　幸運社／みなかみ舎

著者紹介

保坂隆

（ほさか・たかし）

保坂サイコオンコロジー・クリニック院長
聖路加国際病院診療教育アドバイザー

1952年、山梨県生まれ。

慶應義塾大学医学部を卒業後、同大精神神経科教室に入局。1990年より2年間、米カリフォルニア大学ロスアンゼルス校（UCLA）精神科に留学。その後、東海大学医学部教授、聖路加看護大学臨床教授などを経て、現職。

著書多数。

お金《かね》をかけず気軽《きがる》にできる
「ひとり老後《ろうご》」が楽《たの》しい77の習慣《しゅうかん》

2024年 4 月12日　初版発行

著者／保坂《ほさか》 隆《たかし》

発行者／山下 直久

発行／株式会社KADOKAWA
〒102-8177　東京都千代田区富士見2-13-3
電話　0570-002-301(ナビダイヤル)

印刷所／TOPPAN株式会社

製本所／TOPPAN株式会社

●お問い合わせ
https://www.kadokawa.co.jp/（「お問い合わせ」へお進みください）
※内容によっては、お答えできない場合があります。
※サポートは日本国内のみとさせていただきます。
※Japanese text only

定価はカバーに表示してあります。

ISBN 978-4-04-606785-2　C0095